L'équilibre nerveux de mon enfant

Prévenir et corriger
la nervosité et l'agitation
par les soins naturels

De la même auteure
aux Éditions le Dauphin Blanc

ACCUEILLIR SON ENFANT NATURELLEMENT (1996)

Ouvrage traitant des relevailles de la maman, de l'allaitement, de l'alimentation du bébé, des malaises du nourrisson et de l'immunité naturelle.

LA MÉDECINE DU BON SENS (1999)

Un programme en 10 points donnant accès à un mieux-être complet sur les plans physique, émotionnel, mental et spirituel. Très accessibles et faciles à réaliser, ces pas sont fondés sur le bon sens propre à chacun, sur la nature même de l'être humain et celle de l'univers.

RENAÎTRE À LA VIE... MODE D'EMPLOI (2000)

Il arrive parfois, sur notre route, une épreuve marquante qui nous entraîne littéralement dans un abîme noir duquel on ne semble jamais sortir. Ce livre est un mode d'emploi simple mais efficace pour affronter et dépasser ces épreuves. Écrit sur un ton intimiste, le volume regorge de clés et de pistes pour amorcer et poursuivre une guérison intérieure. Il représente une source de motivation et d'inspiration pour tous ceux et celles qui souffrent du mal de vivre.

SOINS À MON ENFANT (2003)

Ouvrage de référence par excellence, *Soins à mon enfant* est le livre sur les soins naturels aux enfants le plus complet et le plus facile à utiliser. Ce livre permet aux parents de comprendre le fonctionnement du corps humain et d'apprivoiser les symptômes et les manifestations des malaises de leurs enfants, de la petite enfance jusqu'à l'adolescence. L'auteure amorce aussi une réflexion nécessaire sur la pratique vaccinale telle qu'elle est exercée de nos jours.

Céline Arsenault

L'équilibre nerveux de mon enfant

Prévenir et corriger
la nervosité et l'agitation
par les soins naturels

Le Dauphin Blanc

Catalogage avant publication de Bibliothèque et Archives Canada

Arsenault, Céline, 1957-

L'équilibre nerveux de mon enfant : prévenir et corriger la nervosité et l'agitation par les soins naturels

(La vie-- naturellement)
Comprend des réf. bibliogr. et un index.

ISBN 2-89436-145-9

1. Enfants - Psychopathologie. 2. Enfants - Psychopathologie - Médecines parallèles. 3. Hyperactivié. I. Titre. II. Collection: Vie-- naturellement.

RJ504.A77 2005 618.92'89 C2005-941647-5

Nous remercions la Société de Développement des Entreprises Culturelles du Québec (SODEC) pour son appui à notre programme de publication.

Nous reconnaissons l'aide financière du Gouvernement du Canada par l'entremise du Programme d'aide au développement de l'industrie de l'édition (PADIÉ) pour nos activités d'édition.

Conception graphique de la couverture :
Caron & Gosselin
Conception graphique et mise en page :
Sylvie Arsenault

Révision linguistique :
Jocelyne Vézina et Amélie Lapierre

Éditions Le Dauphin Blanc
C.P. 55, Loretteville (Québec)
Canada G2B 3W6
Téléphone : (418) 845-4045 Télécopieur : (418) 845-1933

Dépôt légal : 3e trimestre 2005
Bibliothèque Nationale du Québec
Bibliothèque Nationale du Canada
ISBN 2-89436-145-9

Je dédie ce volume à tous les enfants de ce monde.

Puissiez-vous nous pardonner nos erreurs, nos négligences et notre inconscience.

Puissiez-vous grandir dans le respect de toutes vos potentialités.

Soyez bénis sur votre route...

Remerciements

Un livre ne s'écrit jamais seul...

Coucher des mots sur le papier est la dernière étape d'un lent mûrissement.

Je remercie donc toutes ces mères et ces pères qui se confient à moi depuis des années et qui me font part de leur vécu et de leurs expériences.

À travers ces rencontres, j'apprends et je grandis.

Et pour vous j'écris...

Merci, Diane et Hélène, si fidèles et intègres dans vos relectures.

Merci, Sylvie, de m'accompagner encore dans ce processus de mise en page.

Merci, Alain, pour ta confiance.

Merci, Olivier, Geneviève, Marianne et Gabriailes, mes enfants bien-aimés, de me donner le bonheur de m'ouvrir à d'autres réalités.

Merci, Normand, de partager ma vie et de m'inciter amoureusement à prendre soin de mon propre équilibre nerveux!

Merci à la Vie de me donner l'opportunité de me réaliser.

Avertissement

L'information contenue dans ce volume n'est nullement exhaustive car les connaissances se développent à une vitesse vertigineuse. Certains courants sont avant-gardistes et précurseurs de profonds changements qui toucheront la société de demain si aujourd'hui nous choisissons d'honorer la Vie sous tous ses aspects.

Chacun de nous a droit à une information libre de toute allégeance politique, économique ou pharmaceutique, le but étant d'offrir à nos enfants un univers sain où il fait bon vivre.

Il est fortement recommandé de consulter des professionnels appropriés et compétents lorsque nécessaire, que ce soit en médecine conventionnelle ou en médecine alternative, ou encore des ressources psychosociales selon les besoins de votre enfant et de votre famille.

Ni l'éditeur ni l'auteure ne pourront être tenus responsables des effets produits par une quelconque thérapie naturelle ou par un remède proposé dans cet ouvrage.

Table des matières

Introduction

La Vie...

L'univers des bébés et des jeunes enfants me fascine. Je ne peux m'empêcher de constater et de contacter leur pleine présence à la vie, leur communion avec cette dernière. Ils sont si entiers : tout sourire, tout amour ou toute colère, toute tristesse ou encore toute douleur. Ils ne font aucune concession sur ce qu'ils vivent, ils n'étouffent rien, pour l'instant... jusqu'à ce que le temps ait fait son œuvre. Peu à peu, sans que l'on sache pourquoi, cette étincelle de vie qu'ils avaient dans les yeux au réveil le matin s'éteint. Vous connaissez ce regard matinal (vers 5 heures et demie, au lever du soleil!), là où ils sont tout pimpants, prêts à mordre dans une nouvelle journée à plein sourire. Sourire si contagieux, même si nous sommes encore engourdis par une nuit trop courte! Regardez votre conjoint ou conjointe demain matin au réveil et voyez si cette étincelle est encore présente... Observez votre adolescent au réveil; porte-t-il cette étincelle? Et surtout, observez votre propre réveil... Dans quel état êtes-vous, généralement, au lever? Pimpant, prêt à mordre dans la vie comme si vous étiez à votre première journée de vacances ou vous sentez-vous plutôt comme étant perpétuellement à la veille de votre retour au travail?

Que s'est-il passé? Tellement d'événements et d'expériences ont été vécus... qui nous ont conduits jour après jour à perdre le contact avec nous-même, avec notre Essence véritable, avec ce qui nous habite le plus intimement : notre Âme. Ne disons-nous pas régulièrement que « les yeux sont le miroir de l'âme »?

Il est essentiel d'observer le monde dans lequel nous vivons si nous désirons aider nos enfants à conserver le plein potentiel de vie qui les habite. Nous vivons dans un monde qui engourdit, qui gèle, qui anesthésie les blessures, les maux physiques et les maux de l'être. Comment?

— Premièrement, en niant leur existence même! En faisant comme s'il n'y avait pas de problème.

— Deuxièmement, en surutilisant les voies de l'oubli : alcool, drogue, médicament (analgésique, anxiolytique, antidépresseur, stimulant, somnifère, etc.), télévision, jeu vidéo, travail à l'excès, consommation compulsive, etc.

— Troisièmement, en émoussant les plaisirs à outrance : la gourmandise à la place de développer l'art d'être gourmet, les distractions continuelles au lieu d'utiliser les moments de loisir pour s'occuper véritablement de soi, le sexe pour le plaisir temporaire qu'il procure au lieu de vivre pleinement sa sexualité dans un espace de rencontre avec soi-même et avec l'autre, la vision négative de l'effort ou de la discipline personnelle, etc.

— Quatrièmement, en façonnant des moules pour tout et pour rien : modes de toute sorte (vêtement, musique, automobile, film, aliment vedette, courant de pensée, etc.), conformisme, performance, productivité, vent de mondialisation qui développe lentement une culture unique de consommation, etc.

L'individualité et la différence perdent peu à peu du terrain malgré l'apparence de libéralisme. Certains adolescents se chargent bien de nous ramener à l'ordre par leur originalité!

C'est ce monde que nous offrons actuellement à nos enfants… À moins que chacun de nous choisisse autrement.

Depuis vingt ans, particulièrement, les enfants qui naissent sont *intenses*. Intenses dans leur attitude, dans leur sensibilité, dans leur façon d'être, de penser et de se comporter. Force est, pour nous, de constater qu'ils n'entrent plus dans le moule qu'on leur avait si bien préparé! Mais la résistance du système en place est grande. Afin de nous assurer que les jeunes entrent dans le modèle idéal, le système médical établit toutes sortes de diagnostics qui n'auront d'autre solution que la voie connue par la médecine : la médication (Ritalin®, Dexedrine®, Prozac®, Paxil®, Zoloft®, etc.). Ces interventions sont faites dans le but de normaliser des comportements qui seront alors en conformité avec les standards de la société actuelle. Et si c'était la société qui était à changer, de même que notre système éducatif?

Je dis souvent que le monde est à réinventer, que nous devons ajuster notre alignement si nous désirons éviter l'autodestruction. Destruction qui s'immisce actuellement par la pollution, par l'épuisement de nos ressources naturelles, par les changements climatiques, par les guerres, par les oppressions, par l'intégrisme, par le taux élevé de suicide chez nos jeunes, par les *burn out*, par les dépressions, par la dépendance aux drogues et aux médicaments, par les poussées de comportement violent, verbal et physique, par les agressions, par notre alimentation dénaturée et morte, etc. Pour réaligner ce monde, nous avons besoin d'individus sains et forts, forts mentalement et physiquement, car les résistances sont grandes de toutes parts. Nos enfants ne sont-ils pas à l'image de ces adultes de demain dont nous avons besoin? Ne sont-ils pas résistants et forts à leur façon? Oui, j'en conviens, aujourd'hui comme parents de ces enfants, ce n'est pas toujours facile (j'ai moi-même quatre enfants...). Mais, est-ce une raison pour les éteindre, pour les étouffer parce qu'ils nous dérangent dans notre confort, parce qu'ils pensent et agissent différemment?

Dans ce volume, je vous présenterai plusieurs éléments qui ont une influence directe sur le bien-être de votre enfant (et de vous-même!). J'aborderai essentiellement tout ce qui touche le maintien de l'équilibre du système nerveux chez l'enfant. Loin de moi l'idée de vous expliquer l'origine précise des troubles de l'attention ou de l'hyperactivité que l'on retrouve chez bon nombre d'enfants, car il n'y a pas de cause unique, l'origine de ces déséquilibres étant *plurifactorielle*. Plutôt que de partir du malaise ou du déséquilibre pour trouver des solutions, j'ai préféré, dans la première partie du volume, observer avec vous la vie dans son ensemble. J'ai relevé des aberrations qui font partie de notre quotidien, mais que nous ne voyons plus. Bien qu'il soit plus facile de mettre en place un univers sain pour notre futur enfant plutôt que de redresser les causes du déséquilibre lorsqu'il est déjà apparu, j'aborderai dans la deuxième partie, un éventail de solutions qui pourraient faire toute la différence pour votre enfant. Il suffit parfois de changer notre regard, de modifier notre point de vue pour percevoir d'autres solutions, tant dans nos attitudes intérieures que dans les modifications de l'environnement.

Certains d'entre vous ont peut-être déjà entendu l'expression « enfant indigo[1] ». Je n'utiliserai pas ce terme ni ce concept pour la simple et bonne raison que c'est un cadre qui a son fondement, mais les risques sont grands de tomber dans la tentation de faire de l'élitisme, de mettre l'enfant sur un piédestal et de lui laisser faire tout ce qu'il veut. Nos enfants ont aussi besoin de discipline et d'encadrement, et malgré leurs grandes qualités, ils ont également des aspects de leur être à guérir comme nous tous d'ailleurs. Chaque personne sur cette planète est unique, ce qui est un miracle en soi lorsqu'on s'arrête pour y réfléchir. Chaque enfant qui naît peut réaliser son potentiel divin (comme chacun de nous); il a juste besoin de notre encouragement et de notre protection. Comme chaque individu porte les fruits de son âme, la récolte qu'il fera en cette vie et les semences qu'il en

1. Enfant indigo : cette expression fut d'abord mentionnée par Nancy Ann Tappe dans un livre qu'elle a publié en 1982, intitulé *Understanding Your Life Through Color*. Cette dame s'est spécialisée dans l'étude des comportements humains. La couleur indigo fait référence à la principale couleur aurique qui est dégagée par l'individu. Ces enfants se caractérisent par des traits psychologiques nouveaux. Tous ces enfants partagent un point commun : ils demandent des méthodes d'éducation différentes afin de leur assurer un développement équilibré. S'abstenir de tenir compte de leurs différences engendrent déséquilibre et frustration.

tirera seront toujours à sa ressemblance. Il est donc inutile de comparer et surtout de juger les enfants, petits ou grands ! Chacun a sa place dans le jeu de la vie. Il n'y a jamais de sot métier ni de mauvais talent. Nous n'avons qu'à guider nos enfants vers ce qu'ils sont *heureux d'accomplir*, vers la réalisation de *leurs rêves*. Car ce n'est pas tant ce qu'ils accompliront qui est important, mais bien *l'esprit dans lequel ils le réaliseront*. Nous trouvons notre juste place lorsque nous sommes heureux et bien à l'endroit où nous sommes et ce lieu ne sera jamais statique puisque nous sommes en continuel changement !

PREMIÈRE PARTIE

L'origine plurifactorielle du déséquilibre

Chapitre 1

L'impact de l'alimentation sur l'équilibre émotionnel de l'enfant

Des faits
Les besoins nutritionnels du corps humain
Quelques erreurs alimentaires

Le corps humain est un organisme vivant ultrasophistiqué qui a besoin de nutriments très précis pour pouvoir fonctionner de façon optimale. Nous connaissons très bien les besoins de notre voiture, mais nous ignorons complètement ce qui maintient notre santé en bon état ou ce qui nous rend malade. Nous allons passer en revue nos habitudes alimentaires afin de mettre en lumière certains comportements qui nuisent à l'équilibre du système nerveux de l'enfant (et du parent!).

Depuis la dernière grande guerre (1939-1945), les industries chimiques ont pris un essor fulgurant. Une découverte n'attendait pas l'autre. L'homme a été pris à son propre piège en pensant qu'il pouvait manipuler la nature, la modifier pour un meilleur rendement, et ceci, sans modifier son équilibre biologique. Bref, il cherchait à maîtriser la nature, que dis-je, l'asservir, pour satisfaire les besoins des pays riches, gourmands de nouveautés. Les apparentes victoires n'ont pas manqué : plus de rendement à l'acre pour la culture, fruits et légumes de forme régulière et de même couleur, des élevages qui grossissent plus rapidement, des vaches qui produisent plus de lait, des modes de conservation (pasteurisation, congélation, déshydratation, *sous-vide*, conserve, irradiation des aliments, etc.) qui augmentent la durée de vie de l'aliment. En parallèle, le capitalisme à outrance a continué sa croissance avec la devise de faire toujours plus d'argent et tous les moyens sont bons pour y parvenir, ce qui a donné naissance à l'industrie du marketing. Efficace industrie élaborant stratégie sur stratégie ayant pour but d'influencer le choix des consommateurs avec de plus en plus de force et de subtilité. Ces consommateurs ne sont plus seulement des adultes, la cible s'étant élargie (pour faire encore plus d'argent). Les adolescents et les enfants sont maintenant dans le point de mire de l'industrie avec des revues et des salons spécialisés, destinés à véhiculer toutes les modes les plus éphémères et les plus rentables pour l'industrie.

En même temps que les horaires de travail s'allongent, autant pour l'homme que pour la femme, les aliments préparés, qu'ils soient congelés ou non, dépannent à tout moment, et leur vente augmente à un rythme effarant. Les croustilles, les confiseries et les boissons gazeuses ne sont pas en reste puisque leur omniprésence nous sollicite constamment. La multiplication incroyable de chaînes de restauration rapide reflète aussi notre manque de temps pour cuisiner ainsi que l'oubli d'un grand savoir-faire!

À travers tous ces changements dans nos habitudes culinaires, se sont insérés en douce des couleurs, des additifs, des agents de conservation (BHA, BHT, TBHQ), des rehausseurs de goût et des plastiques de toute sorte pour plus de commodité. Tout ça, cadeau de l'industrie chimique.

Des faits

— Depuis le début du siècle, plus de 100 000 produits de synthèse ont été introduits dans l'environnement. Sur les 70 000 produits chimiques présents dans le commerce, seul un faible pourcentage a été testé quant à leur impact sur la santé humaine.

— Récemment, au Canada, la commissaire à l'Environnement a sonné l'alarme. « Plus de 3 600 sites contaminés sont des bombes à retardement! Le gouvernement ne contrôle pas la présence de substances chimiques toxiques dans le sang, le lait maternel et l'urine des Canadiens, déplore la commissaire. Et il ne contrôle pas non plus les quelque 25 000 produits chimiques industriels et 6 000 pesticides employés au pays[1].»

Que penser de la synergie de ces produits dans le corps humain ou animal et dans l'environnement? Il est impossible de connaître l'impact de ces mélanges dans notre organisme puisque trop de facteurs viennent interférer : quels produits ont été ingérés et dans quelle proportion l'ont-ils été?

— Plus de 1 500 arômes sont permis dans les aliments.

— Trente-quatre couleurs sont approuvées pour utilisation dans les aliments transformés, l'étiquette indiquant simplement « couleur ».

— The National Academy of Science a publié une étude datant déjà de 1977 sur la moyenne de consommation des divers colorants alimentaires. L'étude a porté sur 12 000 personnes âgées de plus de deux ans, pendant quatorze jours d'analyse, et la moyenne de consommation de colorant était de 327,6 *mg par jour* à cette époque!

— En 1816, la consommation moyenne de sucre par personne était de 6,8 kg par année. En 1955, elle était de 54,5 kg , en 1990 de 81,8 kg. Une grande partie de cette augmentation est due à une plus haute consommation de breuvages sucrés.

— Le scientifique Kenneth Weaver, de l'université d'État du Tennessee, a découvert que chaque cannette de 360 ml de boisson gazeuse contient 36 mg d'acide phosphorique; il en résulte une élimination équivalente de magnésium par le

1. *Le Soleil*, le mercredi 23 octobre 2002.

corps, le magnésium étant essentiel pour la concentration et la détente du système nerveux.

— Les boissons gazeuses contiennent de l'acide phosphorique, de la caféine, du sucre, de l'aspartame ou de la saccharine, des colorants comme le « caramel », du dioxyde de carbone, et de l'aluminium si le contenant est une cannette. Ces boissons sont acidifiantes pour le corps, donc irritantes. Elles déséquilibrent le ratio calcium-phosphore. Trop de phosphore rend nerveux et « gigoteux ». Avec le temps, cet acide phosphorique ralentit notre propre production d'acide chlorhydrique dans l'estomac. Cet acide stomacal est essentiel pour l'absorption du calcium, du fer, du zinc et la digestion des protéines.

— Il y a entre huit à onze cuillérées à thé de sucre dans une cannette de boisson gazeuse!

— Des chercheurs de l'université Yale donnèrent du sucre blanc raffiné à des enfants et mesurèrent le taux d'adrénaline dans leur sang avant et après la consommation du sucre. Ils découvrirent que ce taux était dix fois supérieur après ladite consommation. L'adrénaline étant la substance chimique qui fait battre le cœur et prépare à affronter un combat ou une situation périlleuse, il n'est pas étonnant que nos enfants se précipitent un peu partout en criant, après avoir mangé des sucreries. Ces chercheurs ont prouvé que les enfants étaient irritables, anxieux et qu'ils éprouvaient des difficultés de concentration après avoir absorbé du sucre[1].

— Une autre étude intéressante, cette fois-ci dans notre milieu québécois, a été faite en 1992 dans la région de Montréal. Le rapport intitulé *Problèmes nutritionnels et performance scolaire en milieu défavorisé* confirme que l'alimentation joue un rôle majeur dans la réussite scolaire des enfants. Les chercheurs Michèle Houde-Nadeau et Bernard Cotnoir ont observé que

1. Doreen Virtue, *Aimer et prendre soin des Enfants indigo*, Éditions Ariane, p. 167.

le manque d'application est plus fréquent chez les écoliers carencés en potassium. La turbulence semblait davantage reliée au déficit en calcium alors que le manque de concentration était plutôt relié à un taux trop bas de magnésium. Ils ajoutent que le groupe sous-performant consommait 25 % plus d'aliments sucrés que le groupe performant et qu'il y avait une incidence directe sur le nombre de jours d'absence pour maladie[1].

— Dès les années 70, le docteur Benjamin Feingold[2], pédiatre américain reconnu, avait observé une amélioration dans le comportement des enfants hyperactifs en éliminant, dans la diète quotidienne, les colorants, les salicylates de source alimentaire ou non (ex. : aspirine) et les agents de conservation comme le BHA, le BHT et le TBHQ.

— Selon le pédiatre Marvin Boris de New York, « les facteurs diététiques jouent un rôle significatif dans l'étiologie du TDHA chez la majorité des enfants qui en souffrent. Il est plus logique de tenter de modifier l'alimentation de l'enfant que de le traiter avec des stimulants. Les organisations pour la santé devraient reconnaître que l'évitement de certains aliments et additifs peut soulager considérablement certains enfants perturbés ».

— La docteur Mary Ann Block, D.O.P.A., auteure de *No More Ritalin,* croit qu'un faible taux sanguin de glucose ou hypoglycémie, constitue le problème le plus significatif qu'elle a observé chez les enfants qui présentaient des troubles de comportement. L'enfant est agité ou irritable à son réveil le matin ou avant les repas et il s'améliore après avoir mangé. Il peut présenter des comportements diamétralement opposés : il est gentil et charmant une minute puis, sans raison apparente, agité, en colère et irritable la minute qui suit.

1. Julie Brière, Et l'assiette de votre enfant?, *Guide Ressources*, octobre 1999.
2. Consulter le site Feingold® Association of the United States : http://www.feingold.org.

— Aux États-Unis dans les années 90, les enfants de quatre à douze ans sont devenus une cible de choix pour les publicitaires. Les enfants n'ayant pas encore acquis un sens critique en regard de l'alimentation pouvaient donc être facilement influencés. Le magazine *Fortune* a d'ailleurs évalué le pouvoir d'achat des élèves du primaire à environ 20 milliards de dollars! Les enfants reçoivent en moyenne 40 000 messages publicitaires par année par le biais des différents écrans (télévision et ordinateur) dont 60 % sont centrés sur le *fast-food* et les aliments à calories vides[1].

Et nous pourrions continuer ainsi pendant des pages et des pages, le but essentiel étant de vous encourager à ouvrir l'œil (et le bon!) et à tendre l'oreille! Plus que jamais nous devons développer l'art de lire entre les lignes, de voir les motifs derrière les actions; c'est la seule façon de sortir de l'endormissement général et ainsi de ne plus permettre l'inacceptable en se rappelant que *qui ne dit mot consent*!

Les besoins nutritionnels du corps humain

Sans entrer dans les détails de la nutrition (il existe d'excellents livres sur le sujet, voir la bibliographie), il est essentiel de connaître les besoins de base de l'organisme afin de vérifier si l'alimentation moderne remplit véritablement son rôle.

Questionnons-nous d'abord sur le « pourquoi mange-t-on »?

Je pose fréquemment cette question lors de cours ou de conférences et la plupart des gens répondent : *avant tout pour le plaisir* et *ensuite pour avoir de l'énergie*. C'est un fait pour une population qui vit dans un pays bien nanti et pourtant, même au Canada, plus de 700 000 personnes dépendent d'une banque alimentaire; c'est deux fois plus qu'en 1989[2]! Selon l'Organisation des Nations Unies (ONU), il y aurait 34 millions de personnes

1. Anne Desjardins, Initiation à la nutrition. Comment contrer le marketing des multinationales de l'alimentation. *Le Soleil*, le samedi 1er mars 2003, p. H 1-H 2.
2. *Le Devoir*, le mardi 11 juin 2002, p. A 3.

sous-alimentées dans les pays industrialisés. Pourquoi mange-t-on? Que répondraient les 800 millions de personnes qui habitent actuellement la même planète que nous et qui vivent quotidiennement sous le seuil de la famine[1]?

Reconsidérons nos leitmotiv quant à l'alimentation, car le problème se situe justement là. Comme notre société moderne est orientée vers le plaisir (à outrance) et la consommation, la majorité des aliments préparés par l'industrie qu'on nous présente est dirigée vers ce but. Plaisir pour le palais : sucrés pour qu'on y revienne, car le sucre crée l'accoutumance (plus on en mange, plus on en veut, n'est-ce pas?) et beaucoup de gras (de mauvaise qualité) parce que c'est plus économique et que c'est onctueux à souhait pour nos papilles gustatives. Comme les aliments raffinés et les produits de synthèse sont moins onéreux et que le but n'est pas de nourrir adéquatement la population mais plutôt de gagner toujours plus d'argent, les aliments transformés sont vides des nutriments essentiels à notre santé. Bien sûr, on ajoute quelques vitamines synthétiques (vitamines B_1, B_2, B_3, A, C et D) pour remettre un minimum de valeur nutritive, mais on omet de vous dire que le procédé de raffinage de l'aliment a justement enlevé les minéraux, les vitamines, les oligo-éléments et les antioxydants présents naturellement dans l'aliment lui conférant ainsi sa véritable qualité nutritive. La nature, avec son recul de millions d'années, nous offre des aliments dont les nutriments sont en parfaites synergies et indispensables à notre santé. Rappelons-nous que la science de la nutrition est relativement jeune et que nous commençons à peine à découvrir les trésors que recèlent les différents aliments.

Donc, nous mangeons pour le plaisir, dans un premier temps, et ensuite, pour l'énergie que cela nous procure. L'alimentation moderne remplit admirablement bien ces rôles puisque le sucre raffiné est le mode d'énergie le plus rapide qui soit, sauf qu'à trop en consommer, il provoque des « ratés ». Premièrement, nous en avons besoin toujours plus, donc nous mangeons plus

1. *Québec Science*, Juin 2002, p. 96.

souvent; deuxièmement, il nous précipite dans des descentes toujours plus profondes, faisant varier nos humeurs (le cerveau se nourrit de glucose) et notre énergie. Les sucres rapides (sucre blanc, cassonade, mélasse, miel, sirop d'érable, etc.) sont à l'origine des fameux « coups de pompe » de 11 heures et de 15 heures où, momentanément, nous sommes fatigués, où l'esprit se brouille et où l'impatience fait son apparition.

Les lipides (les gras) sont aussi les plus grands producteurs d'énergie, bien qu'ils doivent être convertis pour être utilisés. C'est donc l'énergie de réserve, mais nous avons tellement de « réserves » que près d'une personne sur quatre (23 %) est obèse au Canada[1], tandis qu'une personne adulte sur trois (!) est actuellement obèse aux États-Unis et 65 % souffrent d'un excès de poids[2]! Les enfants suivent de près.

Pourquoi mange-t-on?

Dans un premier temps, nous mangeons pour *maintenir la Vie*; ensuite, pour assurer la *croissance* (pensons aux bébés et aux enfants); aussi pour assurer la *survie de l'espèce* (donc l'alimentation doit nous permettre de nous reproduire avec le meilleur de nous-même); pour *l'entretien* de nos fonctions et, finalement, pour *la réparation et la guérison* en cas de bris (ou de maladie).

Voilà les véritables motifs de notre instinct nutritionnel. L'alimentation moderne répond-elle à ces véritables besoins?

Voyons des faits :

— Le nombre de bébés nés avec certaines malformations a augmenté jusqu'à 50 % depuis cinq ans, selon la Birth Defects Foundation, un organisme britannique. Ces dernières vont des taches de naissance proéminentes au spina-bifida, une anomalie de la colonne vertébrale[3]. La Fondation estime que 45 000 bébés britanniques naissent annuellement avec

1. Baptiste Ricard-Châtelain, Six millions de Canadiens obèses. *Le Soleil*, le jeudi 7 juillet 2005, p. A 1.
2. *Le Devoir*, le jeudi 17 octobre 2002, p. A 1.
3. *Guide Ressources*, novembre 2002, source : http://www.birthdefects.co.uk.

une malformation, soit six fois plus que le nombre déclaré par l'Office national de la statistique, dont les données sont recueillies sur la base d'une déclaration volontaire.

— Le diabète de vieux ou le diabète d'*adulte* apparaît maintenant chez l'enfant. C'est ce qu'on appelle aussi le diabète de maturité ou le diabète de type 2 par opposition au diabète juvénile qui est celui de type 1. À l'hôpital Mémorial de Tallahassee en Floride, on constate un triplement des cas en trois ans. Ce phénomène serait en lien avec l'obésité. Quatre nouveaux cas de diabète sur cinq étaient de type 2. Selon ces experts, près d'un tiers des cas de diabète de type 2 ne seraient pas diagnostiqués. Les médecins soulignent que l'obésité chez l'enfant est un signe avertisseur[1].

— En août 2001, des scientifiques de Puerto Rico rapportaient que l'exposition au DEHP, un des principaux plastifiants contenus dans les produits de vinyle (xénoestrogènes), était associé au développement prématuré, depuis vingt ans, des seins de plusieurs fillettes âgées de six mois à deux ans[3].

— « À Puerto Rico, la puberté prématurée touche près de 1 % des filles, soit dix-huit fois plus que la moyenne au Minnesota, par exemple. Dans cette île, on soupçonne que la forte consommation d'aliments préparés empaquetés dans du plastique contenant souvent du PVC est responsable de la situation[3]. »

— « Aujourd'hui, une Américaine blanche sur sept et presque une Américaine noire sur deux a une croissance des seins ou des poils pubiens à l'âge de huit ans[2]! »

— L'autisme est de trois à quatre fois plus répandu en Amérique du Nord qu'il y a trente ans, affirme une importante étude

1. *Le Soleil*, le dimanche 20 juin 1999.

2. *Guide Ressources*, décembre 2001.

du gouvernement américain publiée en 2003 dans le *Journal of the American Medical Association* (JAMA)[1].

— Actuellement, au Québec, 10 500 enfants et adolescents âgés de moins de vingt ans souffriraient d'autisme ou d'un autre trouble envahissant du développement, 45 000 au Canada, selon le docteur Éric Fombonne, directeur du Service de psychiatrie de l'Hôpital de Montréal pour enfants et chef du Département de pédopsychiatrie de l'Université McGill (...) La prévalence (60 cas sur 10 000 enfants) est de trois à quatre fois plus élevée que dans les années 70[2].

— « De 400 000 personnes en 1970, le nombre de Canadiens obèses est aujourd'hui évalué à 3,3 millions, une augmentation spectaculaire de plus de 800 %. Les médecins estiment que la science est incapable à l'heure actuelle de combattre le fléau et qu'il est du ressort des individus de modifier leurs habitudes de vie afin d'éviter de souffrir d'un excès de poids[3]. »

— Au Québec, 14 % de la population adulte était considérée comme obèse en 2003, soit 56 % de plus qu'en 1987[4].

— « L'embonpoint est en hausse chez les enfants au Canada. En 1998-1999, plus d'un tiers (37 %) des jeunes Canadiens âgés de deux à onze ans faisaient de l'embonpoint et la moitié d'entre eux (18 %) pouvaient être considérés comme obèses[5]. »

— Dans le cadre du rapport *Obesity Task Force* de l'Organisation mondiale de la santé, la planète compterait environ 22

1. L'autisme frappe de plus en plus d'enfants. *Le Soleil*, le lundi 6 janvier 2003.
2. Enfermés dans leurs têtes. *L'Actualité*, le 15 avril 2003, p. 55-62.
3. Obésité : les médecins incapables de combattre le fléau. *La Presse*, le mercredi 2 octobre 2002, p. B 4.
4. C. Le Petit, et J. M. Berthelot, Obésité : un enjeu en croissance. *Santé Canada*, le 7 avril 2005.
5. L'embonpoint en hausse chez les enfants au Canada. *La Presse*, le samedi 19 octobre 2002, p. A 30.

millions d'enfants de moins de cinq ans obèses ou souffrant d'embonpoint[1].

— « Durant les années 60, environ 8 % des couples souffraient d'infertilité. Ce taux atteint aujourd'hui 15 % dans les pays industrialisés. Au cours des 50 dernières années, la concentration de spermatozoïdes a chuté en moyenne de 50 à 60 %. Ce sont les contaminants de l'environnement qui pourraient bien être les principaux responsables de cette situation[2]. »

— À l'Hôpital Sainte-Justine de Montréal, on enregistre un nombre important de nouveaux cas de diabète de type 1. Ce diabète est dit aussi *insulinodépendant* ou encore *diabète juvénile*. Depuis cinq ans, la moyenne annuelle était de 85 cas par année et en 2002, ils ont diagnostiqué pas moins de 115 nouveaux cas. Cette croissance est constatée dans de nombreux pays industrialisés[3].

— Gilles Paradis, médecin et professeur d'épidémiologie à l'Université McGill vient de publier une étude concernant les adolescents et préadolescents. Elle démontre qu'une forte proportion de jeunes présentent une tension artérielle élevée. Cette condition augmente leur risque d'avoir de l'hypertension artérielle dans la vingtaine et des maladies cardiaques dans la trentaine. Chez les garçons de seize ans, le quart avait une pression élevée et 13 % chez les filles. « C'est extrêmement inquiétant » a souligné le docteur Gilles Paradis. L'obésité serait encore une fois à l'origine de ce déséquilibre[4].

Je n'affirme nullement que tous ces problèmes sont causés *uniquement* par l'apport alimentaire. Par contre, à la lumière des

1. Nathalie Collard, Un problème de société. *La Presse*, le lundi 27 mai 2002.
2. Jacques Drapeau, Des voyageurs qui tuent. *Le Soleil*, le dimanche 21 mars 1999, p. B 1.
3. Diabète : l'épidémie? *L'Actualité*, février 2004, p. 20.
4. Toronto (PC), L'hypertension guette les ados. *Le Soleil*, le vendredi 7 mars 2003, p. A 3.

récentes études, je puis affirmer, hors de tout doute, que la qualité de l'alimentation est un facteur non négligeable d'aggravation ou de maintien de ces problématiques. Au fil des pages, nous verrons comment la qualité de notre environnement physique et émotionnel interfère dans l'équilibre biopsychophysiologique de nos enfants.

Que devrait contenir notre alimentation pour répondre aux besoins spécifiques de notre corps afin qu'il fonctionne au meilleur de ses capacités?

Voici brièvement une description des nutriments nécessaires à la santé que nous connaissons aujourd'hui, les découvertes dans le domaine de la nutrition commençant à peine à intéresser le corps médical et à prendre de l'ampleur.

Nous avons besoin :

De glucides

Les glucides sont la principale source d'énergie du corps. Le cerveau n'utilise que le glucose comme forme de carburant. Les glucides aident au bon fonctionnement du foie. Ils permettent une meilleure utilisation des lipides par oxydation des gras. Ils favorisent l'absorption des protéines. Les glucides supportent aussi l'élimination intestinale, car la cellulose qu'on retrouve dans tous les aliments du règne végétal est en partie composée de glucose.

Bonnes sources : fruits frais, fruits séchés, légumes, légumineuses, céréales complètes, mélasse, miel.

De lipides

Les lipides servent à isoler et à protéger les organes comme le foie, le cœur et les nerfs en les enveloppant. Ils sont une excellente source de carburant ou d'énergie pour le corps, particulièrement dans les saisons froides et lors d'une dépense énergétique élevée. Ils sont précurseurs du cholestérol et des hormones sexuelles (stéroïdes). Ils entrent dans la composition des membranes cellulaires. Les lipides permettent le transport et l'absorption de certaines vitamines dites liposolubles[1] (vitamines A, D, E, K). Ils fournissent les acides gras essentiels (AGE). Ils aident au maintien de la température corporelle. Ils lubrifient l'appareil digestif et ils facilitent le transport des aliments. Ils aident à maintenir l'intégrité de la peau. Et finalement, les gras procurent la sensation de satiété tout en rehaussant la saveur et la texture des aliments, d'où l'abus des gras dans notre alimentation moderne. Pour maintenir la santé en bon état, nous devons consommer les trois variétés de gras en proportions égales soit 10 % de gras saturés, 10 % de gras monoinsaturés et 10 % de gras polyinsaturés pour une consommation totale de 30 % de nos calories en lipides dans l'alimentation quotidienne. Avec la popularité du régime méditerranéen, certains chercheurs conseillent même d'augmenter l'ingestion des gras monoinsaturés (ex. huile d'olive) par rapport aux autres gras[2].

Bonnes sources : noix, graines, olives et leurs huiles (première pression à froid) et l'avocat (gras mono et polyinsaturés, riches en oméga-3, 6 et 9).

Poissons gras comme le saumon sauvage, le hareng, la sardine, le maquereau et la truite de mer (gras polyinsaturés riches en oméga-3).

Viandes, volailles, œufs, gras des produits laitiers (gras saturés).

De protéines

Les protéines nous permettent de prendre forme et d'exister. Elles servent à la construction et à l'entretien de nos tissus, de nos organes et de nos cellules. Les protéines prennent part à la composition des enzymes, des anticorps et de plusieurs hormones. Une protéine est composée d'une chaîne d'acides aminés qui détermineront sa valeur nutritive.

1. Liposoluble : soluble dans les gras.
2. Renée Frappier et Danielle Gosselin. *Le Guide des bons gras*, Éditions Asclépiades, 1995, p. 57.

Bonnes sources : viandes, volailles, poissons, œufs, noix, graines, légumineuses (tofu, fèves rouges, fèves blanches, etc.), fromages.

De minéraux

Les minéraux (les cailloux, les roches) sont des composés inorganiques qui, lorsqu'ils sont métabolisés par le règne végétal, deviennent organiques, donc assimilables par le corps humain. Les minéraux composent 4 à 5 % de la masse corporelle. Les minéraux comme le calcium, le magnésium, le fer, le phosphore, sont nécessaires en plus grande quantité. Ils sont indispensables à la structure et à la régulation de nombreux processus dans l'organisme.

Bonnes sources : céréales complètes (non raffinées), légumes, fruits, noix et graines de culture biologique de préférence, algues, viandes, poissons, volailles, etc.

De vitamines

Les vitamines apportées par le règne végétal sont des composés dont le corps a besoin en petite quantité pour maintenir sa croissance et ses fonctions. Elles sont fragiles à la lumière et à la chaleur. Les aliments crus les garderont intactes. Il existe des vitamines solubles dans les gras (liposolubles) : vitamines A, D, E, K et des vitamines solubles dans l'eau (hydrosolubles) : vitamines du complexe B et vitamine C. Chacune a des fonctions spécifiques dans l'organisme.

Bonnes sources : fruits, légumes, germinations, noix et graines, de préférence frais, crus et biologiques.

D'oligoéléments

Ce sont des minéraux dont le corps a besoin en quantité infime. Ils sont indispensables par leur rôle de coenzyme. Ce sont des biocatalyseurs. Ils régularisent les réactions physicochimiques et ils permettent aussi de lutter contre la dégénération cellulaire et tissulaire. Bien qu'il faille 150 fois plus de sels minéraux dans le corps que d'oligoéléments, les carences en oligoéléments sont très fréquentes. La surexploitation des sols, l'agriculture chimique et intensive appauvrissent les terres et la qualité nutritionnelle de la plante en est ainsi diminuée. Le sol ne peut pas donner ce qu'il n'a pas. Ce sera identique pour la future maman; si elle a des carences, elle les transmettra en partie à son bébé.

Bonnes sources : les oligoéléments sont concentrés dans les algues, la levure de bière et les germinations et présents davantage dans les légumes et les fruits de culture biologique.

D'eau

Bien que ce liquide ne soit pas encore classé comme un nutriment, l'eau n'en demeure pas moins indispensable à la vie. Elle permet le transport des nutriments à chacune de nos cellules et l'élimination des déchets au moyen des reins, des poumons, des intestins et de la peau. Elle est même un lubrifiant essentiel des articulations. Elle participe à une multitude de réactions biochimiques dans le corps. Nous sommes composés de près de 70 % d'eau et la plupart des gens sont déshydratés sans le savoir. Plusieurs maux physiques peuvent disparaître en augmentant la consommation d'eau. Pensons aux migraines, aux nausées, à l'asthme, aux troubles digestifs, aux maux de dos, etc. Nous devons boire un minimum de 6 à 8 verres d'eau de 250 ml par jour et davantage lorsqu'il y a de la transpiration due à des efforts physiques (loisir ou travail) ou à une chaleur importante. Nous ne devons pas attendre le symptôme de la soif pour boire de l'eau; ce réflexe a besoin d'être reconditionné chez la plupart des gens. Le lait, les boissons de soya, les jus, le café, le thé, l'alcool ne doivent pas remplacer l'eau. Au contraire, certaines boissons comme l'alcool, le café et les boissons gazeuses nous déshydratent. Mieux vaut boire une eau à température ambiante afin d'éviter un stress à notre estomac ainsi qu'une perte d'énergie inutile pour la réchauffer. Si vous avez remarqué qu'à chaque fois que vous buvez de l'eau, vous avez l'impression d'en éliminer autant par vos urines, et ce, rapidement, c'est le signe évident d'une déshydratation. Pensez à vos plantes : lorsque vous les avez oubliées et que la terre est très sèche, dès que vous les arrosez, l'eau ne s'imbibe pas dans la terre immédiatement, elle semble passer tout droit. Par contre, si la terre était déjà humide, la plante semble mieux retenir l'eau que vous lui offrez. Une eau bue vingt minutes avant les repas ne coupera pas l'appétit. Même les enfants doivent boire de l'eau.

Bonnes sources : eau de qualité non chlorée à moins de 100 ppm de minéraux, eau filtrée à osmose inversée.

Voici donc très brièvement ce que la nature a mis à notre disposition afin que la race humaine croisse en beauté et en sagesse... Vous conviendrez avec moi que le « Créateur » savait ce qu'il faisait en créant la biodiversité écologique de la planète afin que chacun y trouve son compte tant pour sa nutrition que pour la guérison des maladies qui pouvaient survenir. Que s'est-il passé pour que nous en venions à nous rendre malades avec notre alimentation?

Quelques grandes erreurs alimentaires

Le raffinage des aliments

D'où provient l'idée de raffiner les aliments? Idée légitime au départ puisqu'il fallait découvrir un moyen de supprimer les substances vivantes, donc réactives, qui empêchaient de conserver l'aliment sur une longue période. Principe bien fondé, au début, pour prévenir les famines et mobiliser de grandes quantités d'aliments, mais qui a tôt fait de rentabiliser l'industrie agroalimentaire. Générant des profits faramineux, l'industrie ne s'adaptera à une autre façon de procéder que sous la pression des consommateurs. N'importe quel épicier vous révèlera que les pertes dans son magasin proviennent presque essentiellement des aliments périssables comme les fruits et les légumes. Les produits laitiers faisaient aussi partie autrefois des denrées très périssables, mais les méthodes de pasteurisation et d'ultrapasteurisation allongent maintenant leur temps de survie sur les tablettes.

Les aliments raffinés n'apportent que des calories vides, c'est bien connu, mais vides de quoi? Ces aliments sont appauvris ou même privés des vitamines, des minéraux, des oligoéléments et des antioxydants qu'ils contiennent. Tous ces nutriments biocatalyseurs sont essentiels à la vie et en particulier à une bonne assimilation. Lorsqu'ils ne sont plus dans l'aliment que l'on consomme, le corps doit les prélever en lui-même pour assurer son propre métabolisme. Sa réserve en « aliments de vie » s'appauvrit continuellement d'autant plus qu'elle n'est que très peu renouvelée. C'est pourquoi certaines personnes ressentiront un grand bienfait à consommer un supplément de vitamines et de minéraux, fût-il de faible qualité, et qu'une personne qui mange quotidiennement des aliments frais ne verra aucune différence à prendre ce type de supplément alimentaire.

Les céréales

L'une des erreurs majeures de notre alimentation moderne nuisant considérablement à l'équilibre de notre système nerveux est le raffinage des céréales. Prenons l'exemple du pain blanc : après son raffinage, la farine de blé aura perdu : 100 % de fibres, 100 % de la vitamine A, 85 à 97 % des vitamines B_1, B_2, B_3, B_5 et B_6, 60 % de la vitamine E, 72 % du phosphore, 55 % du calcium, 52 % des lipides, 20 % des protéines, 43 % du fer et 75 % à 85 % des autres oligoéléments comme le magnésium, le manganèse, le cuivre, le zinc, etc.[1]! La céréale ainsi dévitalisée augmente sa valeur calorique par la concentration des amidons et, son index glycémique, par l'absence de fibres. Les fibres exercent une action régulatrice très importante dans notre tube digestif en régularisant le transit intestinal et sa flore commensale (évitant ainsi la constipation), en régularisant le métabolisme des sucres et des graisses, en procurant la sensation de satiété qui limite les prises alimentaires, ce qui aura pour effet de stabiliser le poids. Alors, lorsque vous constatez que l'industrie ajoute à

1. J. Lederer, *Manuel de diététique*, Éditions Maloine, 1981.

votre pain ou votre céréale quelques nutriments essentiels, vous conviendrez que, finalement, elle vous jette de la poudre aux yeux et que vous perdez au change!

Nous sommes de grands consommateurs de pain, c'est bien connu. L'alimentation rapide repose presque exclusivement sur les sandwichs, les sous-marins, les hamburgers, les hot-dogs, les pizzas et les pâtes alimentaires. Tous ces aliments sont cuisinés à base de farine blanche (blé) ou, à l'occasion, de blé entier. Ce blé entier n'en porte souvent que le nom, puisque l'industrie utilise de la farine blanche et ne rajoute que le son qui avait été préalablement enlevé, ce n'est donc pas un pain à la farine dite intégrale. De plus, depuis plusieurs décennies, le blé a été modifié par croisement afin d'augmenter sa teneur en gluten. Le gluten permet à la farine d'être panifiable et à la pâtisserie d'être plus moelleuse. Le blé en contient donc plus qu'à l'origine. Le risque de développer une sensibilité au gluten est plus élevé et bon nombre de personnes se sentent « dégonfler » lorsqu'elles cessent de consommer régulièrement du blé.

Le pain d'aujourd'hui est majoritairement panifié à la *levure* et ce procédé est hautement déminéralisant, car l'acide phytique présent dans le son du blé reste actif et il interfère avec les réserves calciques de l'organisme. Les enfants et les femmes de plus de quarante ans sont particulièrement à risque de déminéralisation. Autrefois, on utilisait le véritable *levain* (eau et farine fermentées) pour panifier le pain, ce qui avait pour résultat de neutraliser l'acide phytique qui était alors scindé par lactofermentation naturelle en inositol (vitamine B) et en phosphate de calcium et de magnésium biodisponible, ce qui augmentait encore une fois la qualité nutritive de l'aliment. Nous pouvons acheter ces pains au levain dans de petites boulangeries spécialisées et ce type de pain est naturellement plus lourd, plus compact.

Nous vivons dans l'illusion de faire manger de bonnes céréales à nos enfants lorsque le matin, ils avalent un bol de céréales commerciales toutes plus sucrées et colorées les unes que les autres. C'est le même principe de dévitalisation qui s'applique. De plus, l'index glycémique[1] très élevé de ces aliments fera descendre leur taux de glycémie lorsqu'ils seront à l'école, ce qui causera le fameux coup de pompe de fin d'avant-midi. Ils pourront éviter cette baisse d'énergie s'ils ont consommé une bonne dose de protéines au même repas. Ne soyons pas étonnés que certains enfants manquent de concentration ou qu'ils soient turbulents à l'école. Nous verrons les solutions ultérieurement dans le volume.

Le sucre

Nous avons vu antérieurement que nous avons besoin de sources de glucides pour produire de l'énergie. Avant que l'homme n'invente les procédés de raffinage de la canne à sucre et de la betterave à sucre, nous consommions notre sucre principalement à travers les amidons : céréales complètes, légumineuses, tubercules comme les pommes de terre ou les topinambours, légumes-racines comme les carottes et les navets, les bananes et les châtaignes ou encore les fruits oléagineux, de même qu'à travers les sucres simples provenant des fruits, des légumes (fructose parfois glucose), du miel (fructose et glucose) et du lait (lactose). Ces sucres avaient la caractéristique d'être combinés de façon naturelle à des fibres, à des vitamines, à des minéraux et à des oligoéléments.

En fait, de quoi le sucre blanc raffiné qui garnit abondamment notre garde-manger est-il composé? Essentiellement de saccharose. Ce sont des calories à 100 % sous un faible volume.

Par exemple, vous avez le même nombre de calories dans :	
10 bonbons à la gelée (Jelly Beans)	200 ml (¾ tasse) de fraises tranchées avec 125 ml (½ tasse) de bleuets, 5 ml (1 c. à thé) de sucre et 15 ml (1 c. à soupe) de yogourt nature.
10 bâtonnets au fromage (la croustille)	700 ml (2 ¾ tasse) de fraises tranchées.

1. Index glycémique : charge de sucre dans le sang après l'ingestion.

Totalement dépourvu de fibres qui rassasient, il est très facile de le consommer en quantité importante.

À calories égales, vous n'avez pas du tout la même qualité nutritionnelle. La colonne de gauche représente des calories vides sans apport nutritif; de plus, le corps devra puiser dans ses propres réserves de nutriments pour réussir à les métaboliser convenablement. Tandis que les aliments de la colonne de droite vous apportent des nutriments de grande qualité (vitamines, minéraux, oligoéléments, antioxydants et eau).

L'hyperglycémie provoquée par l'assimilation d'un sucre chimiquement pur, comme on le retrouve dans les bonbons, est beaucoup plus marquée que celle provoquée par un sucre accompagné par d'autres nutriments comme les fibres, car celles-ci ralentissent la vitesse d'absorption des sucres, diminuant ainsi l'index glycémique.

L'index glycémique des aliments est donc très important, car les aliments qui ont un index glycémique supérieur à 60 favorisent l'hyperinsulinisme[1]. L'une des conséquences de cette sécrétion importante d'insuline est d'opérer un effet correcteur exagéré avec une baisse de la glycémie réactionnelle d'autant plus marquée que la charge glycémique aura été importante. Par exemple, l'index glycémique moyen des fruits frais aqueux est de 30, celui des légumineuses est de 33, celui du saccharose pur (sucre blanc) est de 75 et celui du glucose pur est de 100. La baisse de sucre consécutive au pic (hypoglycémie) se traduit par divers troubles comme la fatigue, une difficulté de concentration, de l'impatience, de l'irritabilité et même des colères. Loin de satisfaire les besoins du corps, ce sucre raffiné sollicite encore l'estomac par une sensation de faim, et c'est ainsi que se développe l'habitude de grignoter à toute heure du jour. Le corps est continuellement en sensation de manque.

Notre cerveau fait continuellement des milliers d'ajustements pour nous assurer un fonctionnement optimal. Pour ce faire,

1. Hyperinsulinisme : sécrétion exagérée d'insuline par le pancréas.

il a besoin d'une grande quantité de combustible sous forme de glucose. Ce taux doit être très stable pour nous assurer une bonne activité cérébrale. Autant la température corporelle doit être constante, autant notre taux de sucre sanguin doit être équilibré. Une riche vascularisation ainsi qu'un grand débit sanguin apportent aussi l'oxygène nécessaire à nos cellules cérébrales. Le sang est renouvelé environ dix fois par minute et notre cerveau consomme à lui seul environ 20 % de l'oxygène utilisé par le corps humain; c'est dire à quel point ses besoins sont importants.

Notre corps est constamment soumis à de nombreux changements hormonaux qui influencent notre glycémie ainsi qu'à des apports variables en glucose à travers notre alimentation quotidienne. Toutes ces variations sont un danger pour notre cerveau et celui-ci est protégé contre ces fluctuations par la barrière dite *hémato-encéphalique*. Les cellules de cette barrière exercent un contrôle sur la quantité de substances nutritives qui seront dirigées vers les cellules cérébrales. Lorsque le taux de glucose sanguin est trop élevé, le cerveau se trouve en partie protégé par cette barrière. Par contre, lorsque le taux de sucre est trop bas dans le sang, cette barrière ne peut lui en donner davantage, ce qui amène des perturbations très variables, dont les troubles émotionnels.

Il existe plusieurs types d'hypoglycémie : aiguë, moyenne, grave, chronique, et les causes sont nombreuses (activité physique intense, jeûne, famine, alimentation irrégulière, grande ingestion de sucre, stress, faiblesse glandulaire, tumeur au pancréas, etc.). Le but ici est d'attirer l'attention sur cette problématique qui passe trop souvent inaperçue. Au début, les symptômes sont légers et il est plus facile de prévenir que de guérir, évidemment. Si l'enfant présente plusieurs des symptômes énumérés ci-après, vous pouvez demander à votre médecin qu'il passe un test d'hyperglycémie provoqué de cinq heures pour vérifier sa courbe glycémique. Si le résultat du test est négatif et que vous soupçonnez quand même une problématique naissante, vous avez tout à gagner à réviser son alimentation et à observer les résultats. Chez les enfants et les adolescents, les signes d'un déséquilibre glycémique sont :

- goût pour le sucre, les sucreries
- rage de faim, besoin de grignoter entre les repas
- impatience et irritabilité avant les repas
- bonne humeur après les repas
- besoin de jus entre les repas
- attirance vers la *slush*, les *pops*, le chocolat
- pour l'adolescent : attirance vers le café, les boissons énergisantes, la cigarette, l'alcool et les drogues
- sensible à la contrariété
- alternance de paresse et de goût pour l'activité
- grande fatigue par période dans la journée, entre les repas
- regard absent, apathie, manque d'énergie
- instabilité émotionnelle
- maux de tête
- palpitations cardiaques, sueurs
- manque de coordination
- besoin de sommeil exagéré
- nervosité, hyperactivité
- tics nerveux
- dépression

Votre enfant ne doit certainement pas vivre tous ces problèmes. Il suffit de quelques-uns bien récurrents pour soupçonner la problématique. Il est bon de se rappeler que nous sommes tous différents. Notre système glandulaire possède sa propre tolérance qui n'est pas celle du voisin. Ne soyez pas étonnés que le petit copain de votre enfant qui mange très mal n'ait pas systématiquement les mêmes symptômes que votre enfant. C'est ici que se joue l'individualité biochimique de chaque personne ainsi que son vécu personnel, car le stress est un facteur aggravant de l'hypoglycémie.

Finalement, en plus d'intervenir au niveau de l'équilibre du système nerveux, le sucre raffiné et les sucres concentrés affectent l'immunité en diminuant le pouvoir de phagocytose des globules blancs. Ils acidifient l'organisme, ils déséquilibrent la flore intestinale, ils irritent les muqueuses digestives, ils déséquilibrent le foie et le pancréas, ils épuisent les surrénales, ils accentuent la déminéralisation du corps, ils favorisent l'obésité, le diabète et les caries dentaires et ils augmentent le risque de maladies coronariennes[1].

Le sucre raffiné se cache dans tous les aliments industriels, dans les médicaments, dans les boissons gazeuses, dans les boissons aux fruits ou encore les cocktails de fruits, dans les confiseries de toute sorte, dans les desserts particulièrement, dans les condiments, dans les confitures, dans les céréales commerciales, dans les pains, dans les desserts glacés et même dans certains aliments pour bébés.

Et pour clore le tout, la consommation de sucre crée l'accoutumance; c'est une « drogue » douce et légale!

Le sel

Une autre conséquence du raffinage est la qualité du sel que l'on ingère aujourd'hui. Le sel est indispensable à la vie. Il se retrouve dans tous les tissus vivants, autant dans le règne animal que végétal et, bien sûr, dans l'eau de mer, berceau de la vie. Durant des siècles, le sel a revêtu une grande importance pour quantité d'usages comme la conservation de la viande, du poisson, des olives et du fromage, le traitement des cuirs et des peaux, etc. Le sel fut longtemps une monnaie d'échange; d'ailleurs, le légionnaire romain ne recevait-il pas son *salarium* (d'où vient le mot salaire aujourd'hui) afin de pouvoir acheter sa ration de sel?

Le sel, utilisé jadis pour conserver les aliments, est aujourd'hui raffiné pour être mieux conservé! Le sel nature s'humidifie

1. Louise Lemieux, Haro sur le sucre blanc. *Le Soleil*, le 18 août 2002, p. A 1-2.

facilement au simple contact de l'air, du fait de sa richesse en oligoéléments et en sels minéraux, tout particulièrement en chlorure de magnésium. Le sel commercial est conditionné par une série de procédés physiques et chimiques afin d'isoler le chlorure de sodium. Ensuite, on incorpore des additifs chimiques assurant une blancheur irréprochable et un grain sec facilitant le saupoudrage.

Ce sel n'apporte plus les nuances gustatives appréciées des gourmets; au contraire, il sature le goût et il exacerbe l'appétit, ce qui facilite sa consommation en excès et ses méfaits. Nous avons tous fait l'expérience de consommer des arachides ou d'autres noix salées sans pouvoir nous arrêter ou presque. Lorsque nous consommons les mêmes noix nature, nous n'avons plus ce problème…

Le sel est donc un agent de sapidité, c'est-à-dire qu'il accroît la sensibilité des récepteurs gustatifs, rehaussant ainsi les saveurs. Si nos aliments n'étaient pas si vidés de leurs bons minéraux par le raffinage et la cuisson dans l'eau, nous aurions moins besoin de chercher le goût de l'aliment. Le chlorure de sodium, qui représente 90 % du poids du sel commercial, est reconnu pour ses méfaits sur la santé lorsqu'il est consommé en excès (hypertension artérielle, œdème, certains cancers de la sphère digestive).

Le sel de mer (gris) est récolté après évaporation dans les marais salants. Sa richesse en oligoéléments et ses qualités gustatives sont de loin supérieures au sel extrait des mines de sel ou encore au sel extrait des sources d'eau salée. C'est donc une autre façon d'offrir à notre corps les nutriments dont il a besoin pour maintenir son équilibre physiologique et éviter les excès.

Les gras

La dernière catégorie d'aliments que je désire aborder est particulièrement importante pour le développement harmonieux de nos enfants. Il s'agit du raffinage des huiles végétales. L'huile contenue dans une graine ou un fruit en est extraite selon deux méthodes : la première est mécanique, au moyen d'une vis sans fin, et la deuxième méthode est chimique, à l'aide de solvants. C'est bien sûr ce procédé qui est utilisé par l'industrie alimentaire.

L'utilisation de solvants organiques permet aux huileries industrielles d'obtenir, en les conjuguant à la chaleur, un rendement optimal de la quantité d'huile par rapport au volume de grains. Après l'extraction vient le raffinage proprement dit, qui fait appel à toute une série d'opérations physiques et chimiques fort complexes. Il y a donc démucilagination, neutralisation, décoloration, désodorisation et coloration! Ces différentes opérations nécessitent à plusieurs reprises un chauffage de l'huile entre 100 °C et 200 °C et quantité de réactifs chimiques. La résultante est une huile qui a perdu sa couleur, sa saveur, son aspect original et surtout sa grande valeur nutritive. Il y a destruction de la vitamine E antioxydante, transformation de la structure moléculaire des acides gras polyinsaturés en gras trans, lesquels sont plus nocifs que les gras saturés pour l'organisme.

Les lipides, ou corps gras, ont été largement médiatisés et étudiés. La première erreur aura été de créer la phobie des gras. Oui, il fallait diminuer la consommation de gras saturés que l'on retrouve dans la viande, le beurre, les produits laitiers complets, les fromages et surtout dans les aliments industrialisés, mais les recommandations de l'époque ont omis de dire que les *bons gras* étaient essentiels à la santé. La deuxième erreur aura été d'introduire sur le marché, par les procédés de transformation et de cuisson, des lipides dénommés *gras trans.*

Les gras trans sont apparus en grand nombre dans l'alimentation avec le procédé d'hydrogénation des huiles végétales. Le but de cette pratique est de faire passer une huile de l'état liquide à l'état solide. Par exemple, le beurre d'arachide commercial garde toujours la même texture crémeuse. Il n'y a aucune huile qui remonte à la surface du pot. Si vous achetez du beurre d'arachide naturel, vous devrez brasser le contenu du pot, car l'huile remonte toujours à la surface. C'est l'ajout d'huile hydrogénée qui stabilise les gras, les empêchant de passer à l'état liquide. C'est le même principe pour les margarines. À partir d'huiles végétales (qui devraient être liquides à la température de la pièce) il y a *trans*formation chimique par hydrogénation[1] des acides gras afin de rendre cette huile solide et d'en faire un gras apte à être tartiné. Retenons que ce procédé génère aussi d'autres composés indésirables dont on ne connaît pas encore les effets sur la santé.

Bien que cette transformation des gras soit subtile, le corps réagit à sa présence. Il ne reconnaît plus ce gras comme étant un gras polyinsaturé, mais bien comme s'il devenait saturé. Les récentes études démontrent qu'il serait dix fois plus nocif que le gras saturé et qu'il n'y a aucune quantité minimum recommandable. On lui reproche de favoriser l'obstruction des vaisseaux sanguins (athérosclérose), d'augmenter le taux de cholestérol et de triglycérides sanguins, de favoriser les maladies cardiovasculaires, de modifier la perméabilité et l'élasticité des membranes cellulaires. Le docteur Michael R. Lyon affirme aussi que « ces gras imposent un stress toxique au cerveau[2]. »

Le directeur du département de nutrition de l'université de Harvard, M. Walter Willett, affirme que les gras trans représentent « le plus grand scandale de l'alimentation industrielle ». Et pourtant, dans les années 80, ils étaient considérés comme une substance miracle. On pouvait enfin remplacer les gras saturés dont le beurre qui était accusé de tous les maux. On sait maintenant que les gras trans sont possiblement responsables du décès prématuré de 30 000 personnes aux États-Unis[3].

1. Hydrogénation : procédé qui consiste à faire passer de l'hydrogène gazeux sous pression sur des huiles insaturées. Ce procédé se fait à des températures variant entre 120 °C et 210 °C, pendant plusieurs heures selon le résultat désiré.

2. Michael R. Lyon et Christine Laurell. *Le cerveau de votre enfant est-il affamé?* Mind'Publishing, 2004, p. 28.

3. Jean-Simon Gagné, Le deuxième pays à mettre le poison au ban. L'Europe et l'Amérique se mobilisent. *Le Soleil*, le jeudi 25 novembre 2004, p. A 3.

Le Danemark a été le premier pays au monde à avoir banni officiellement les gras trans. Ils y sont bannis depuis le premier janvier 2004 au terme de trois années de transition. L'Organisation mondiale de la santé (OMS) recommande que les gras trans ne dépassent pas 2 % de la totalité des huiles et des matières grasses contenues dans un aliment. Quant à la réglementation américaine, elle prévoit que tous les produits alimentaires devront identifier le contenu en gras trans d'ici le 31 décembre 2005. Le Canada deviendra possiblement le deuxième pays au monde à bannir les gras trans puisque la Chambre des communes à Ottawa vient d'adopter une résolution qui oblige le gouvernement en place à adopter, d'ici un an, un projet de loi ou un règlement qui interdira les acides gras artificiels dans tous les produits alimentaires vendus au Canada[1].

Les gras trans se retrouvent principalement dans les produits préparés par l'industrie agroalimentaire : frites, poulet et poisson panés, pizza, *fast-food*[2], biscuits, beignes, pâtisseries, biscottes, gâteaux, crème glacée, mayonnaise, *Kool-Aid*, *Cheez Whiz*, maïs soufflé, etc. Finalement, il est préférable d'éviter les aliments cuits en grande friture et tout ce qui contient de l'huile végétale hydrogénée ou partiellement hydrogénée ainsi que le shortening. Il est bon de souligner que le beurre renferme naturellement de petites quantités de gras trans, mais que ces derniers n'auraient pas le même effet sur l'organisme que ceux des produits hydrogénés. Les Canadiens consommeraient de 10 à 12 grammes de gras trans par jour! En attendant qu'ils disparaissent de nos aliments, mieux vaut continuer de lire les étiquettes, car ils sont toujours présents! Le choix appartient maintenant au consommateur averti.

Les lipides sont nécessaires au maintien de la santé et nous en avons d'excellentes sources à notre disposition. L'huile d'olive

1. (PC), Ottawa bannira les gras trans. *Le Soleil*, le mercredi 24 novembre 2004, p. A 2.
2. Selon le magazine Consumer Reports, un hamburger moyen de McDonald's contient cinq grammes de gras trans!

est sans contredit la plus populaire de toutes. Les gras monoinsaturés que l'on retrouve dans l'olive et son huile de première pression à froid sont reconnus aujourd'hui[1] comme ayant un effet protecteur pour la santé cardiovasculaire tout en apportant une protection contre le cancer du sein chez la femme[2]. De leur côté, les gras polyinsaturés que l'on consomme à travers les noix, les graines et les poissons interviennent dans de multiples fonctions, tant pour la circulation que pour l'inflammation, pour l'équilibre hormonal et immunitaire. Ils entrent aussi dans la structure des membranes cellulaires, leur assurant élasticité et flexibilité, tout comme ils sont essentiels afin d'assurer un bon développement du cerveau des enfants[3].

Les signes de carence en acides gras essentiels (acide alphalinolénique ou oméga-3, acide linoléique ou oméga-6, acide oléique ou oméga-9) sont fréquents. Nous retrouvons, entre autres, les problèmes suivants : peau sèche, soif importante, eczéma, perte de cheveux, problèmes inflammatoires et arthrite, faiblesse de l'immunité, diminution du gain de poids chez l'enfant, syndrome prémenstruel, allergies, etc.

Finalement, nous constatons, par ce simple survol, que le principe du raffinage des aliments nuit considérablement à notre santé et à celle de nos enfants. De plus, le coût de production de ces produits transformés est élevé. D'un côté, ils nous exposent à des carences en nutriments essentiels, et de l'autre, ils créent des surcharges responsables de nombreuses maladies. En d'autres mots, nous payons pour nous rendre malades, souvent à notre insu!

1. Les vertus de l'huile d'olive sur la santé cardiovasculaire ont été officiellement reconnues le 2 novembre 2004 par la *Food and Drug Administration* (FDA).
2. Javier Menendez, de l'école de médecine Feinberg de l'université Northwestern à Chicago.
3. Jean-Paul Curtay, *La Nutrithérapie*, Éditions Boiron, 1995, p. 30.

Les boissons gazeuses

Les boissons gazeuses font partie du paysage quotidien d'une multitude de gens. Il n'y a qu'à observer les paniers d'épicerie au supermarché pour constater que la plupart des familles consomment allègrement ces boissons. Les enfants consommeraient deux fois plus de boissons gazeuses que de lait, et les experts en nutrition de l'OMS (Organisation mondiale de la santé) font un lien évident entre cette habitude et l'obésité qui afflige les enfants. En 2003, il s'est consommé au Canada 3,5 milliards de litres de boissons gazeuses, soit une moyenne de 111 litres par personne[1]! Et pourtant...

Les boissons gazeuses sont des cocktails de produits chimiques fort variés. On y retrouve du saccharose, du maltose, du glucose ou de l'aspartame (boissons « diète ») pour fabriquer le goût sucré, ensuite des acides lactique, tartrique ou citrique comme acidifiants. Pour tonifier les boissons : de la caféine, du cola (*Coca-Cola, Pepsi-Cola*) et de l'acide phosphorique. Des acides sulfurique, sorbique, fluorique ou benzoïque pour la conservation et de l'acide ascorbique (vitamine C) pour prévenir l'oxydation. Le tout est gazéifié au moyen d'anhydride carbonique. Et bien sûr, des colorants, des parfums artificiels, des citrates de sodium ou de calcium, des benzoates, du sodium, du potassium et de la quinine peuvent être ajoutés. L'aluminium s'y rajoute lorsque les boissons gazeuses sont en cannette!

Ce qu'on peut leur reprocher... c'est d'exister sous cette forme! L'acide phosphorique stimule les enfants, les rendant irritables et nerveux. Le phosphore en excès débalance le calcium. Il irrite les muqueuses digestives, il est très acidifiant et déminéralisant. Les sucres altèrent la glycémie et l'équilibre du système nerveux. Ils épuisent les réserves de chrome. Ils élèvent le taux de sensibilité aux infections et ils contribuent à faire proliférer les

1. Holly Lake – Sun Media, Les groupes alimentaires de notre époque : hamburgers, chips, sucreries et sodas! *Le Journal de Montréal*, le mardi 4 janvier 2005, p. 6.

levures nuisibles dans l'intestin[1]. La caféine stimule et épuise les glandes surrénales.

Les boissons gazeuses créent l'accoutumance, particulièrement celles qui contiennent plus de caféine ou de cola. Elles perturbent la glycémie, accentuant les déséquilibres de l'humeur et favorisant ainsi le diabète et l'obésité. Elles perturbent l'équilibre du système nerveux de nos enfants (et des adultes). Elles sont inutiles, voire nocives. Certains enfants pourront tolérer un verre à l'occasion tandis que d'autres seront perturbés par une seule consommation. Pour des occasions spéciales, il existe des boissons gazeuses de meilleure qualité (ex. *Spritzer*) contenant 71 % de jus de fruits sans aucun arôme artificiel.

Les additifs alimentaires

Nous pouvons dire aujourd'hui que dans les pays industrialisés, la vie nous est grandement facilitée. Nous pouvons manger à la semaine longue sans jamais cuisiner quoi que ce soit! Rien à cultiver, rien à cueillir, rien à laver, rien à couper, rien à faire mijoter, très peu de casseroles à récurer, un micro-ondes et le tour est joué. Le paradis quoi! Eh bien non! Désolée de vous décevoir, mais c'est encore un leurre monumental! Afin de parvenir à rentabiliser tous ces *prêts-à-manger* en minimisant les pertes, en assurant une présentation et une coloration uniforme, en stabilisant les saveurs, il y a toute une kyrielle d'additifs alimentaires qui ont fait progressivement leur apparition. Au Canada, il existe plus de 400 additifs alimentaires dont l'usage est approuvé par les autorités. Beaucoup de ces additifs seraient autorisés sans données toxicologiques ou sans recul suffisant pour connaître les risques générés par leur consommation régulière[2]. Randee Holmes, auteur de *Additive Alert : What Have They Done to Our Food,* avance qu'environ 20 % de ces additifs méritent qu'on s'en méfie. Il y a d'ailleurs des colorants, en usage

1. Harris Court, *Health Alert* 5, Vol. 16, Issu 3.
2. Lylian LeGoff, *Alimentation biologique et équilibre nutritionnel*, Éditions Roger Jollois, 1997, p. 67.

au Canada, qui sont interdits dans 17 autres pays[1] ! Et que penser de la synergie de tous ces mélanges impossibles à prévoir dans notre assiette et encore moins prévisibles dans notre estomac selon notre profil biologique individualisé! Afin de connaître l'ampleur de ce phénomène, nous ferons un tour d'horizon qui pourra être complété par des lectures spécialisées.

Il existe plusieurs catégories d'additifs alimentaires, ayant chacune des fonctions spécifiques. Nous retrouvons donc des colorants, des conservateurs, des antioxydants, des émulsifiants et des épaississants, des arômes alimentaires naturels (ouf!) et artificiels, des agents de sapidité, des agents antiagglomérants, des agents antimousse, des agents humidifiants, des ajusteurs de ph, des enzymes, des vitamines, des antibiotiques et des auxiliaires de fabrication. Des molécules naturelles inoffensives côtoient les molécules de synthèse.

Ils portent des noms très variés comme : silicate de calcium, bromate de potassium, peroxyde de benzoyle, gomme de caroube, glycérol, azote, huile minérale, stéaroyl-a-lactylate de calcium, acide citrique, chlorure d'ammonium, acide phosphorique, diphosphates, BHA, BHT, EDTA disodique, TBHQ, hydroxyde de sodium, hexane, tartrazine, MSG, sulfite (...) ou encore des numéros comme les E220, E221, E463, etc.

Il faut savoir que certains produits ont reçu une dérogation pour le moins inusitée, l'industrie n'ayant donc pas à mentionner les additifs ajoutés. Les produits concernés sont : les vins, les mousseux, la bière, le cidre, l'hydromel, les vinaigres, les laits concentrés, les laits fermentés, les fromages frais, les fromages à pâte fermentée, les produits de cacao et les chocolats.

Certains additifs sont sur une liste suspecte, en lien avec des problèmes de dermatites, d'accidents vasculaires, de sensibilité cutanée, de perturbations digestives et intestinales, de chélation de fer, de cancers, d'anémie, de toxicité rénale et hépatique,

1. Holly Lake-Sun Média, Des colorants interdits dans 17 pays. *Le Journal de Montréal*, le mercredi 5 janvier 2005, p. 24.

d'allergies, d'effets mutagènes et tératogènes, etc. Certains colorants affecteraient particulièrement le comportement des enfants (syndrome d'hyperactivité). Ce sont : la tartrazine[1] (jaune n° 5), l'amarante, l'érythrosine (rouge n° 3), le bleu n° 1 de même que les conservateurs BHA, BHT, l'acide phosphorique (boissons gazeuses) et les diphosphates (fromages fondus, *jambon cuit*). Il est à noter que le bleu n° 1, dérivé du goudron de houille, est « interdit en Autriche, en Finlande, en Norvège, en Suède et en Suisse ainsi que dans tous les pays de l'Union européenne depuis qu'on a trouvé qu'il cause le cancer chez les rats qui en ingèrent, de même que des tumeurs malignes au lieu de l'ingestion. (...) » Même histoire pour le rouge n° 2 dont l'usage est permis malgré les études qui démontrent qu'il est cancérigène, qu'il empêche la grossesse, qu'il cause des anomalies congénitales et qu'il produit des avortons chez les rats. Son usage est interdit en Norvège, en Australie, en Finlande, en France, en Grèce, au Japon, en ex-URSS et aux États-Unis, mais il est permis ici, au Canada. Le rouge citrin n° 2 est un autre colorant contre lequel l'OMS nous met en garde. Ce colorant s'est révélé toxique en 1973 selon différentes études qui le liaient à des dommages causés aux organes internes et au cancer chez les animaux. L'Australie, la Grande-Bretagne et la Norvège l'ont interdit, mais pas le Canada. Bien qu'il ait été retiré de toute partie comestible des aliments, son utilisation est encore permise sur l'écorce des oranges[2] (le zeste d'orange en contient donc... et il se mange!). Il est bon de souligner que la Norvège a interdit complètement les colorants chimiques dans les aliments depuis 1979! C'est donc une question de volonté gouvernementale.

Quant à la communauté européenne, elle a codifié les additifs alimentaires en utilisant un code comportant la lettre E, suivie de

1. Étant donné les risques qu'elle peut engendrer, la tartrazine doit être listée sous son vrai nom sur les produits commercialisés aux États-Unis contrairement au Canada où l'on peut inscrire seulement le nom *colorant*.
2. Holly Lake-Sun Média, Des colorants interdits dans 17 pays. *Le Journal de Montréal*, le mercredi 5 janvier 2005, p. 24.

trois chiffres. Le docteur Jean-Pierre Willem[1] nous met en garde contre certains additifs reconnus pour être allergènes. Ce sont les jaunes E102 (tartrazine), E104 (jaune de quinoléine), E110 (jaune orangé S), les rouges E120 (cochenille), E122 (azorubine), E123 (amarante), E124 (rouge cochenille A), E127 (erytrosine), les bleus E130 (bleu anthraquinonique), E131 (bleu patenté V), E132 (indigotine), le vert E142 (vert acide brillant) et le noir E151 (noir brillant, BN). De même que les E173 (aluminium), E210 (acide benzoïque), E223 (disulfite de sodium), E224 (disulfite de potassium), E226 (sulfite de calcium), E230 (diphényle), E236 (acide formique), E239 (hexaméthylènetétramine), E251 (nitrate de sodium), E261 (acétate de potassium), E263 (acétate de calcium), E311 (gallate d'octyle), E320 (butylhydroxyanisol), le E321 (butylhydroxytoluène, BHT) et, pour terminer, le E620 (glutamate de sodium). Cette liste fastidieuse à lire doit nous amener comme consommateurs à développer notre vigilance et à ne plus croire que ce qui est comestible à petites doses est inoffensif pour la santé à moyen et à long termes.

Ce n'est qu'à la goutte que l'information relative à ces additifs vient à l'oreille des consommateurs. Par exemple, les phosphates sont maintenant remis en cause. Mme Hafer, une pharmacienne allemande, a émis cette hypothèse en 1976 après avoir observé et étudié les comportements de son fils adoptif. Elle a remarqué que ses troubles de comportement étaient déclenchés soit par des aliments naturellement riches en phosphate, comme les œufs ou le lait, ou encore par des aliments dans lesquels des phosphates étaient ajoutés. Ces phosphates accentueraient les allergies, les intolérances et les pseudo-allergies qui exacerbent le comportement chez l'enfant sensible à ces substances.

Depuis plus de vingt-cinq ans, des parents d'enfants hyperactifs ont proclamé que divers aliments et additifs étaient la cause du syndrome de l'hyperactivité et du déficit de l'attention chez leur enfant. Par contre, chaque fois, diverses organisations de la santé

1. Jean-Pierre Willem, *Prévention active du cancer*, Éditions Du Dauphin, 1993.

ont réfuté ces affirmations. Un article, paru dans le *New York Times* le 2 novembre 1999[1], stipulait que le Centre pour la science d'intérêt public (un groupe de loi sur la nutrition) a conclu, après avoir révisé scrupuleusement vingt-trois des meilleures études conduites sur le sujet, que dix-sept études confirmaient qu'il y avait amélioration du comportement de l'enfant chez qui on avait modifié le régime alimentaire.

Le but ici n'est pas de faire une analyse exhaustive des effets de chacun de ces additifs. Ce serait premièrement « mission impossible » puisque les données ne sont pas disponibles et, deuxièmement, que le but est de relever suffisamment de faits afin de motiver les parents à lire les étiquettes et à adopter la maxime : « dans le doute, vaut mieux s'abstenir ». Il en va de notre santé et de celle de nos enfants.

Le glutamate monosodique

J'attire maintenant votre attention sur un additif de consommation courante : le MSG. Nous connaissons tous au moins une personne qui ne tolère pas le glutamate monosodique (GMS, glutamate de sodium, acide glutamique, glutamate monopotassique ou encore l'Accent®). Comment un jeune enfant pourrait-il exprimer le malaise qu'il ressent lorsqu'il le consomme? C'est impossible de faire le lien puisque cet additif alimentaire très banal est omniprésent dans les aliments préparés et qu'encore trop de consommateurs ne prennent pas le temps de lire les étiquettes.

C'est en 1908 que le docteur Kikunae Ikeda, chimiste à l'université de Tokyo, découvre le glutamate de sodium. C'était révolutionnaire : un produit qui rehaussait le goût des aliments! Ce fut comme une traînée de poudre, puisqu'à partir de 1948, la quantité de glutamate de sodium ajouté aux aliments a doublé tous les dix ans. Sa popularité croissante voit apparaître les premiers effets secondaires (nausées, vomissements) reliés à l'ingestion de cet additif dès 1947 et 1949. La description du

1. Jane E. Brody, Diet Change May Avert Need for Ritalin. *The New York Times*, le 2 novembre 1999.

fameux « syndrome du restaurant chinois » a été défini cliniquement en 1968 et c'est en 1970 que l'on a retiré le glutamate des « petits pots » pour bébés. L'industrie a libre cours d'utiliser le glutamate. La réglementation est plutôt vague sur les quantités maximales à utiliser.

Les symptômes réguliers ressentis par les individus sensibles au glutamate de sodium sont la migraine, la nausée, une éruption cutanée intense, des sensations de brûlure, des éblouissements, une grande faiblesse, des tremblements, des flatulences importantes, des difficultés à digérer, un rythme cardiaque ralenti ou encore des palpitations. Ces symptômes s'estompent graduellement et rien n'y paraîtra le lendemain.

Des aliments qui contiennent naturellement des quantités importantes de glutamates libres peuvent aussi causer ces réactions selon la Federation of American Societies of Experimental Biology (FASEB). On pense alors aux tomates et leurs jus, aux raisins et leurs jus, aux produits laitiers, aux viandes, aux poissons, aux champignons ainsi qu'au blé et à l'avoine. Par contre, selon le docteur Blaylock, le glutamate que l'on retrouve dans les aliments est un glutamate lié qui est moins dangereux parce qu'il est dégradé lentement et absorbé par l'intestin de façon à être utilisé par les tissus, particulièrement les muscles, avant que le taux toxique soit atteint.

Curieusement, l'acide glutamique est l'acide aminé le plus important du cerveau. Il joue le rôle d'un neurotransmetteur capable de transmettre et d'amplifier les messages que s'échangent les neurones. Il joue donc un rôle de premier plan dans les processus de mémorisation et d'apprentissage. Par contre, il serait aussi impliqué dans de nombreuses maladies dégénératives du cerveau ainsi que dans la mort cellulaire lorsqu'il est en excès. Cette neurotoxicité serait liée à un excès de production endogène de glutamate. Le glutamate ingéré comme additif alimentaire ne semble pas pénétrer facilement le cerveau, bien que des effets toxiques aient été démontrés chez l'animal, particulièrement chez les nouveau-nés[1]. De plus, deux chercheurs du centre CNRS-INSERM de Montpellier, Joël Bockaert et Gyslaine Bertrand[2], ont démontré que les cellules du pancréas étaient réceptives au glutamate, tout comme les cellules du cerveau, et que celui-ci pourrait être un rouage du diabète sucré et favoriser la maladie d'Alzheimer.

Le docteur Russell L. Blaylock, ancien professeur en neurochirurgie à la *Medical University of Mississipi,* a publié un livre (*Excitotoxins : The Taste That Kills*, Health Press, 1997) qui fait mention de quelque 500 références scientifiques afin de démontrer comment un excès d'acides aminés libres excitateurs comme l'acide glutamique (MSG) et l'acide aspartique (aspartame) dans notre alimentation sont sources de sérieux désordres neurologiques chroniques et d'une quantité d'autres symptômes aigus. Selon ce chercheur, les enfants seraient plus sensibles, car leur cerveau est en développement. Les excitotoxines comme le glutamate de sodium et l'aspartame traversent la barrière placentaire et peuvent causer des changements dans le développement du cerveau qui peuvent entraîner l'autisme, des troubles d'apprentissage, l'hyperactivité et la schizophrénie.

En plus de continuer d'utiliser ces additifs, l'industrie alimentaire les masque sous des noms divers tels que protéine végétale hydrolysée, protéine végétale, fibre protéique, phytoprotéine hydrolysée, extrait de protéine de soya, farine d'avoine hydrolysée, caséinate de sodium ou de calcium, extrait de levure et arôme naturel.

Il est aisé de comprendre que dans le doute, il sera préférable d'éviter le glutamate en additif alimentaire chez la femme enceinte, chez les nourrissons et chez les enfants. Par contre, nous savons aussi que les personnes âgées ne sont pas à l'abri puisque tout indique que les excitotoxines jouent un rôle important dans les maladies dégénératives du cerveau. L'individualité biochimique

1. Lylian Le Goff, *Alimentation biologique et équilibre nutritionnel*, Éditions Roger Jollois, 1997, p. 86.
2. La Roulette russe du restaurant chinois. *Science et Vie*, août 1992.

de chaque individu sera déterminante; certaines personnes réagiront fortement aux excitotoxines tandis que l'atteinte sera à long terme chez d'autres individus. On ne peut jamais prévoir le degré de sensibilité à ce type de produit.

On retrouve donc cet additif dans les soupes de poisson en conserve, les plats cuisinés surgelés ou non, les bouillons, les condiments, dans certaines boissons, dans les conserves, les sauces, les produits d'assaisonnement, dans les craquelins, les croustilles, les vinaigrettes, etc. En raison de la neurotoxicité potentielle du glutamate de sodium, l'OMS a déterminé la dose journalière admissible à 120 mg/kg de poids corporel. Par exemple, un enfant de 20 kg pourrait consommer quotidiennement 2 400 mg de glutamate monosodique! Par expérience, nous savons que ce que la nature nous offre est bien toléré par notre organisme; alors évitons tout simplement les rehausseurs de goût artificiels et nous éviterons ainsi des sources de déséquilibre.

L'aspartame

L'aspartame *(NutraSweet, Equal, Spoonful, Canderel, E951)*, si populaire dans tous les aliments « diètes », a toujours soulevé la controverse. L'aspartame est une molécule chimique qui contient 50 % de phénylalanine, 40 % d'acide aspartique et 10 % d'alcool méthylique (alcool de bois). Quand la température de l'aspartame dépasse les 30° C, l'alcool méthylique (ou alcool de bois) contenu dans l'aspartame se transforme en formaldéhyde (!) puis en acide formique qui, à son tour, cause l'acidose métabolique. Le formaldéhyde est classifié dans le même groupe de drogues que le cyanure et l'arsenic! L'aspartame modifie la chimie du cerveau. Elle fait chuter, entre autres, le taux de dopamine et de sérotonine, ce qui peut provoquer des problèmes de maniaco-dépressions, des crises de panique, de rage et de violence! La FDA (Food and Drog Administration) américaine a reçu des plaintes pour plus de 92 effets secondaires.

On lui reproche donc toute une kyrielle d'effets secondaires, tous plus alarmants les uns que les autres. L'aspartame est avant tout neurotoxique; il affecte donc directement le système nerveux, accélérant l'apparition de maladies comme la fibromyalgie, l'arthrite, le parkinson, l'alzheimer, la fatigue chronique, les troubles de l'attention, la dépression, etc.

En fait de symptômes, la liste s'allonge continuellement. On dénote aussi des maux de tête, des vertiges, une vision embrouillée, des changements d'humeur, des douleurs au ventre, des crampes musculaires, des pertes de mémoire, des douleurs aux jointures, des troubles menstruels, des crises d'épilepsie, une augmentation des pertes de calcium dans les urines, une augmentation de l'appétit (!), une augmentation du poids (!), des dérèglements de la glycémie chez les diabétiques, des tumeurs au cerveau, pour n'en nommer que quelques-uns!

En 2002, plus de 9 000 produits alimentaires contenaient de l'aspartame. Ce miracle de la science (sic!) est maintenant disponible dans plus de 90 pays à travers le monde[1]. Il est commercialisé par la compagnie Monsato, la même multinationale qui développe les OGM[2] et qui a fabriqué *le défoliant agent orange* faisant des milliers de victimes lors de la guerre du Vietnam! Il est difficile de croire qu'ils ont notre santé à cœur…

L'aspartame se retrouve dans la majorité des produits « diètes » et même dans les produits réguliers, mais identifiés *sucrés sans sucre* : boissons gazeuses, yogourts, desserts, *Jello*, glaçages, sucettes glacées (*Pops Sicle*), gommes à mâcher, bonbons et dans certains produits vendus en pharmacie (ex. *Métamucil, Gastrolyte*, etc.), rince-bouche, multivitamines pour adultes et pour enfants, etc. Plus de 5 000 produits sur le marché international contiendraient de l'aspartame!

Comme dans tous les domaines où il est question de gros sous, la controverse fait rage et des études dites scientifiques

1. Voir le site Internet : http ://www.dorway.com/books.html
2. OGM : organisme génétiquement modifié (ou AGM pour aliment génétiquement modifié) dont l'innocuité n'est pas prouvée et qui soulève la controverse dans le monde entier. Le dicton populaire dit qu'il n'y a pas de fumée sans feu!

sont produites de part et d'autre. Certains scientifiques osent remettre en question ce produit qui semble si anodin. Par exemple, dans son livre *Excitotoxines : The Taste That Kills*, le docteur Russell L. Blaylock détaille les dommages causés par l'ingestion excessive de l'acide aspartique, issu de l'aspartame. Aussi, le docteur H. J. Roberts, spécialiste du diabète et expert mondial de l'empoisonnement à l'aspartame a publié les livres *Aspartame (NutraSweet), Is it Safe?* et *Defense against Alzheimer's Disease* dans lesquels il fait un lien entre la consommation de l'aspartame et la détérioration des personnes atteintes de la maladie d'Alzheimer. Les lobbies sont très puissants et ils ne lâchent pas le morceau facilement. La connaissance de l'histoire devrait être suffisante pour que nous activions notre méfiance et notre vigilance. Pensons juste au lobby de la cigarette ainsi qu'à tous les médicaments dits inoffensifs qui finissent par être retirés du marché. Dans le doute raisonnable, mieux vaut s'abstenir ou encore expérimenter soi-même. Dans le cas d'une personne qui a des problèmes de santé et qui consomme de l'aspartame à travers ses aliments, il suffit de noter sur un papier tous les petits bobos qu'elle ressent et ensuite de cesser toute consommation d'aspartame pendant deux mois, d'observer les changements par la suite. Rien ne vaut notre propre expérience pour tirer des conclusions.

L'acésulfame K (ou acésulfame de potassium)

Ce produit est aussi un édulcorant artificiel dont le pouvoir sucrant équivaut à 200 fois celui du sucre. Il est souvent utilisé en combinaison avec l'aspartame. « Selon la revue *Nutrition Action Healthletter* de mars 1999, les seuls tests d'innocuité effectués, des études mal conduites, datent des années 70, et indiquent que l'acésulfame K peut causer le cancer[1]. » Quoi qu'il en soit, on ne connaît pas ses effets à long terme. Il vaut donc mieux s'abstenir. On le retrouve fréquemment dans les gommes à mâcher.

1. Surya, 10 additifs à bannir. *Guides Ressources, Ressources Santé*, janvier 2004, p. 23-24.

Les produits de la famille benzoïque

Tous les produits de cette famille (benzoates de sodium, de potassium, de calcium, acide benzoïque, benzyle, benzoyle, acide para-amino-benzoïque ou *PABA*) posent des problèmes toxicologiques. Ils sont responsables d'accidents allergiques (asthme, urticaire, œdème, maux de tête et problèmes de vision) comparables à ceux des colorants. Leur pouvoir d'accumulation dans l'organisme accroît les risques de cancer. Les benzoates nuiraient à la croissance des jeunes enfants.

Cet additif alimentaire prévient les moisissures et il augmente le temps de conservation des aliments. On le retrouve naturellement dans la nature, mais les quantités sont faibles en comparaison avec ce que l'on peut ingérer par l'alimentation industrielle. Il nous faut donc lire les étiquettes des confitures, des boissons aromatisées, des jus de fruits, des crèmes glacées, des gommes à mâcher (...) et des lotions ainsi que des crèmes solaires avec *PABA* (puisque la peau est un organe d'assimilation).

Les OGM

Je suis étonnée de constater que beaucoup de gens ne connaissent pas encore l'existence des aliments génétiquement modifiés (AGM ou OGM pour organisme génétiquement modifié). Bien qu'on en parle régulièrement dans les médias, le sujet attirera l'attention seulement s'il y a eu préalablement une sensibilisation à ce sujet. C'est un peu comme lorsqu'on s'achète une nouvelle voiture. Au début, nous pensons presque que notre modèle est quasi unique (j'exagère à peine) puisque c'est le nôtre. Une fois sur la route, on s'aperçoit rapidement qu'il y a des centaines d'autres voitures du même modèle et de la même couleur. Étant maintenant sensibilisés à ce modèle, nous sommes à même de les reconnaître. Pour tout nouveau concept ou information, c'est le même phénomène. Nous avons besoin d'une sensibilisation première pour que notre attention soit attirée par le sujet.

Depuis que le monde est monde, les différents règnes (végétal, animal, humain) se reproduisent dans leur espèce. Il n'y a jamais eu de croisement naturellement possible entre un poisson et une tomate ni entre un scorpion et une patate et non plus entre une noix du Brésil et du soya. C'est une loi de la vie. Ils ne font pas partie de la même famille.

Depuis des milliers d'années, les paysans ont permis de diversifier et d'améliorer les variétés végétales à travers le monde en sélectionnant les espèces les mieux adaptées à leur région, en faisant certains croisements, en améliorant les techniques d'une agriculture durable, respectueuse de la terre et du vivant. Actuellement, c'est une tout autre histoire. Les sociétés biotechnologiques font maintenant des croisements de gènes *entre espèces différentes!* Dans le but, selon leurs dires, d'améliorer la nature, d'apporter une solution à la famine dans le monde, de réduire l'utilisation des pesticides, d'enrichir les végétaux de certains nutriments, d'augmenter la résistance au froid, de réduire le mûrissement et la dégradation de l'aliment, etc. Par ce fait, la barrière des espèces est volontairement révolue avec tous les risques inconnus que l'utilisation des OGM suscite.

Les risques potentiels pour la santé humaine seraient, jusqu'à ce jour, l'aggravation du phénomène de résistance aux antibiotiques, la création d'aliments allergisants, la création de plantes à toxines et l'apparition de nouveaux virus. En fait, les études d'innocuité de ce procédé sont menées par les compagnies productrices d'OGM. Et les rares études indépendantes qui incriminent ces manipulations génétiques sont vite mises au rancart par la force des lobbies industriels.

Les risques pour l'environnement sont plus connus : raréfaction des espèces originelles ou indigènes, mélange pollinique des gènes transgéniques à des espèces sauvages, adaptation des prédateurs aux pesticides, réduction des insectes (comme le papillon monarque), etc.

Dans les faits, ce type de technologie ne fait pas l'unanimité. Les Américains consomment des aliments transgéniques depuis 1994. Ce sont actuellement les États-Unis qui sont les plus gros producteurs avec 35,2 millions d'hectares d'OGM contre 52 millions au total dans le monde[1]. Les compagnies derrière ces biotechnologies sont principalement Monsato (USA), Novartis (Suisse) et Dupont (France). La communauté européenne limite, pour le moment, l'entrée des OGM sur leur territoire. Les plus grands pays producteurs sont donc les États-Unis avec 69 %, l'Argentine avec 23 %, le Canada avec 7 %, et la Chine (données imprécises).

En plus des risques cités précédemment, José Bové, célèbre agriculteur français partisan de l'antimondialisation, affirme que le véritable enjeu des OGM, c'est le brevet du vivant. Ces nouveaux aliments peuvent désormais être brevetés. En d'autres mots, les compagnies biotechnologiques deviennent *propriétaires de ces aliments*. Jusqu'à maintenant, la terre a toujours nourri gratuitement ses habitants (si on cultive nous-même la terre, c'est ainsi) et nous n'avions qu'à récolter les graines pour ensemencer nos champs à la prochaine saison. Dorénavant, ce type de culture rend les agriculteurs dépendants de ces multinationales, tant pour les semences que pour les produits phytosanitaires correspondants ainsi que pour la commercialisation des récoltes. Ce monopole est absolu. « L'agriculteur doit payer un "droit d'utilisation" ainsi que signer un contrat l'obligeant de ne pas utiliser les grains venant de la plante récoltée pour les semer l'année suivante[2]. »

L'alimentation pour bébés n'est pas en reste puisque Greenpeace et Infant Feeding Action Coalition (INFACT) ont publié une étude qui révèle que certaines grandes marques de petits pots pour bébés contiennent des aliments génétiquement modifiés sans que ce soit mentionné sur l'étiquette. Dans de nombreux produits génétiquement modifiés, il y a présence de protéines non traditionnelles. « Ces protéines peuvent produire des toxines

1. Washington autorisera des OGM expérimentaux dans l'alimentation. *Le Soleil*, le 3 août 2002.
2. Anne-Marie Turmel, À qui profitent les OGM? *La Jasette, le magazine des jeunes familles*, Vol. 3, n° 7, février/mars 2004, p. 7-8.

et des allergènes susceptibles de nuire à la santé des petits, avancent Greenpeace et INFACT Canada[1]. »

Il n'y a donc aucun règlement qui oblige l'affichage des aliments modifiés génétiquement bien que 87 % de la population canadienne soit en faveur d'un étiquetage obligatoire. La seule façon de se prémunir de ce type de culture est de cultiver nous-mêmes notre jardin avec des semences indigènes ou encore d'acheter des aliments biologiques, c'est-à-dire cultivés sans pesticides ni herbicides, ni fongicides, ni engrais chimiques. Ces aliments biologiques sont maintenant disponibles dans les supermarchés ou encore dans les boutiques spécialisées.

Encore une fois, nous voici devant un choix de consommation. Le consommateur a toujours le pouvoir de choisir ce qu'il désire même si l'industrie pousse très fort pour imposer ses lois. Pour cela, il faut accepter de lire les étiquettes, de payer un peu plus cher nos aliments et de faire entendre notre opinion, tout en sachant pertinemment que : ***qui ne dit mot consent***.

1. (PC), Des OGM dans certains petits pots pour bébé. *Le Soleil*, le 30 octobre 2002, p. A-2.

Chapitre 2

L'impact de l'environnement actuel sur la santé de l'enfant

Les insecticides, les pesticides, les herbicides
Les métaux lourds : mercure, aluminium, plomb, arsenic, cuivre, cadmium
Autres produits chimiques
Le bruit
Les champs électromagnétiques (CEM)

« Il est triste de penser que la nature parle et que l'humanité n'est pas à l'écoute. » Victor Hugo

L'environnement est un thème très à la mode et à forte raison puisque nos actions présentes et passées entraînent des répercussions fracassantes tant au point de vue de la santé humaine que de l'écologie planétaire.

À l'heure de la signature du protocole de Kyoto[1], nous pourrions croire que tous les habitants de la planète sont sensibles à la qualité de l'environnement. Erreur. Bien des peuples sont encore confrontés à la survie quotidienne. Cette situation ne permet pas de prendre le recul nécessaire à une saine gestion de

1. Accord international obligeant des mesures concrètes visant à diminuer les gaz à effet de serre. Accord que les États-Unis, le plus grand utilisateur d'énergie non renouvelable (23,5 % du total mondial des émissions de la planète), refusent encore de signer au moment d'écrire ces lignes.

l'environnement et c'est très compréhensible. Par contre, dans nos pays bien nantis, « bien » informés, où nous devrions être au fait de toutes ces données, nous sommes confrontés à l'indifférence et à l'inconscience que le temps nous est compté.

Le célèbre astrophysicien, Hubert Reeves, pense, en accord avec d'autres scientifiques, qu'il faut ajouter les humains à la liste des espèces menacées d'extinction et il répète sur toutes les tribunes que les voyants sont au rouge! Le scientifique affirme que si le saccage environnemental se poursuit à ce rythme, il peut être raisonnable de douter des capacités de survie de la race humaine sur un horizon relativement court[1].

L'étau de la pollution environnementale se resserre et l'épuisement des ressources naturelles de la Terre s'accentue chaque jour davantage sans que nous changions notre mode de vie et de consommation d'un iota!

L'homme moderne souffre d'un grand complexe de supériorité. Par sa grande capacité de création, donc d'intervention sur son milieu de vie, il se croit tout permis, au point de semer la destruction à tout vent. Le drame, c'est que son action se répercute sur toutes les autres espèces. Nous sommes intimement liés à l'environnement. Il est illusoire de penser dompter la nature, car tôt ou tard, elle reprendra ses droits, mais à quel prix pour l'humanité? Il est urgent que nous descendions de notre piédestal et que nous rétablissions une saine collaboration avec les mondes, végétal, animal et minéral, dans le respect le plus total de toute forme de vie.

Que vient faire cette incursion de la gestion de l'environnement avec la santé de nos enfants? C'est que nous devons réaliser que ce que nous faisons subir à la Terre, c'est à nous que nous le faisons subir. Tôt ou tard, tout nous revient comme un boomerang.

1. Tiré d'une entrevue au *Journal Voir*, octobre 2002, volume 11, n° 41.

Nous avons voulu nourrir nos élevages à moindre coût avec des farines à base de viandes et d'os, alors que ce sont des animaux **herbivores**! Conséquence : nous avons été confrontés à la maladie de la vache folle ou encéphalopathie spongiforme bovine (ESB), car certaines moulées ont été contaminées par des tissus nerveux d'animaux malades (Dormont et Bursaux, 1996). L'épidémie de la vache folle a commencé en Grande-Bretagne en 1986. Elle a été détectée en 1988 et elle a atteint son paroxysme en 1992 (Anderson et coll., 1996). Des mesures sévères d'abattage systématique des troupeaux contenant un ou des individus malades, ainsi que la proscription définitive des farines contenant des substances d'origine animale, entre autres, ont permis l'éradication progressive de la ESB chez l'animal. Une quinzaine de personnes ont présenté une encéphalopathie spongiforme nouvelle que l'on croit apparentée à l'ESB de l'animal. Étant donné le temps d'incubation de cette maladie, il faudra attendre encore dix ans afin de constater la portée de cette épidémie! Rodolph Steiner, père de l'anthroposophie avait prédit ce dérapage dès 1925! Depuis le premier cas enregistré en Grande-Bretagne en 1986, plus de 180 000 autres cas de EBS ont été diagnostiqués chez l'animal.

Le Canada et les États-Unis ne sont pas exempts de ces maladies puisqu'un cas de vache folle a été recensé au Canada en 1993. Cette vache affectée avait été importée de la Grande-Bretagne à Red River, en Alberta. Tout le troupeau a dû, bien sûr, être éliminé afin d'éviter les risques de propagation de la maladie. Le 20 mai 2003, un autre cas d'encéphalopathie bovine spongiforme a été découvert dans une ferme au nord de l'Alberta. « Selon toute probabilité, le bétail aurait été infecté par des moulées où avaient été ajoutés de la viande et des os d'animaux contaminés[1]. » Le 23 décembre 2003, les Américains découvrent un cas de vache folle sur leur territoire; cette vache provenait du Canada. Deux autres cas ont été découverts en janvier 2005 au Canada. Après

1. (PC), Premier cas de vache folle au Canada depuis 1993. *Canoë INFOS*, 20 mai 2003.

l'examen des données figurant dans les registres sur l'achat et l'utilisation des aliments du bétail, l'Agence canadienne d'inspection des aliments (ACIA) a confirmé que l'animal infecté (cas n° 2), né en 1996, avait reçu des aliments contenant de la farine de viande et d'os. L'interdiction des farines animales pour l'alimentation du bétail a été mise en place en 1997 au Canada. Les résultats de l'enquête sur le cas n° 3 sont encore à venir. Précisons que plus de 100 personnes sont mortes en Europe depuis 1995 des suites de la maladie Creutzfeld-Jakob, la variante humaine de la vache folle. Ces gens avaient consommé de la viande contaminée.

Autre fait divers : la population des abeilles décline à un rythme effarant. Au cours des vingt dernières années, les abeilles domestiques ont diminué de 65 à 70 % en Amérique, en Europe et au Proche-Orient. En 1996, dans l'État du Maine, on a constaté un déclin de 90 %! L'utilisation de pesticides, d'insecticides, la monoculture, la disparition graduelle de la flore sauvage menacent la survie des abeilles. Des produits déclarés officiellement non toxiques comme l'imidaclopride (se vend sous le nom de *Gaucho*) paralyse les insectes dont les abeilles qui ne peuvent plus se rendre à la ruche. En moins de trois ans, 450 000 ruches ont été ainsi perdues pour la France. Pour nous nourrir, nous sommes totalement dépendants du monde végétal qui, lui-même, dépend des insectes (pollinisation et régénération des végétaux)[1]. Albert Einstein a bien résumé cette interrelation en affirmant : « Pas d'abeille, pas d'alimentation pour l'homme. L'abeille est la base de vie sur cette terre ».

Selon le National Academy of Sciences et l'American Academy of Pediatrics, les enfants sont plus sensibles que les adultes aux effets nocifs des toxines environnementales. Ces deux organismes s'entendent pour dire que les substances chimiques

1. Des abeilles et des hommes. *Guide Ressources*, octobre 1999.

toxiques peuvent déclencher, sinon aggraver, les troubles de comportement[1].

Sur le plan environnemental, il y a beaucoup de questions sans réponse, mais il y a aussi des faits qui nous permettent d'extrapoler ou encore d'introduire des doutes là où l'industrie se range dans la certitude. Il est grandement temps que la population fasse des pressions afin que les multinationales passent du *principe de correction* (je fais des dégâts, je suis reconnu coupable (!), je les répare ensuite) au *principe de précaution*[2] (il y a un doute qui subsiste, j'en tiens compte, je laisse le temps faire ses preuves avant de commercialiser à grande échelle).

Les insecticides, les pesticides, les herbicides

Les méthodes modernes d'agriculture augmentent le rendement à court terme, mais elles entraînent à long terme une dévitalisation de la terre arable. Les herbicides, les pesticides et les engrais chimiques perturbent les bactéries symbiotiques des plantes, altérant ainsi l'équilibre de ces dernières. Tous ces produits chimiques n'ont pas la même toxicité. Certains se dégradent avec les années et disparaissent de notre environnement et d'autres persistent pendant plusieurs générations. C'est le cas du fameux DDT (insecticide organique, toxique pour les animaux à sang chaud) qui est maintenant interdit ou d'usage limité dans plus de 50 pays. Il fait partie de la famille des *pesticides organiques persistants* (POP) comme les organochlorés et les organophosphorés. Ces derniers voyagent sur toute la planète par l'intermédiaire des vents et de l'eau, et nous les transportons au moyen de la chaîne alimentaire.

Aujourd'hui, nous savons que les POP perturbent l'équilibre hormonal autant de la faune que des êtres humains. Ils

1. Doreen Virtue, *Aimer et prendre soin des Enfants indigo*, Éditions Ariane, 2002.
2. Le « principe de précaution » a été défini par l'ONU en 1994. Il s'énonce ainsi : « Quand il y a risque de perturbations graves ou irréversibles, l'absence de certitudes scientifiques absolues ne doit pas servir de prétexte pour différer l'adoption de mesures ».

perturberaient la masculinisation et la féminisation des êtres vivants. Ils affecteraient non seulement le système reproducteur, mais aussi le système immunitaire et les facultés intellectuelles. « Un nombre croissant d'études médicales et toxicologiques établissent des liens entre la présence de pesticides dans l'environnement et l'apparition d'une panoplie de troubles et de maladies tels que les cancers du cerveau, du sein, de l'estomac, de la prostate et des testicules, la leucémie infantile, la baisse de fécondité, les lésions thyroïdiennes et hypophysaires, la diminution des réactions immunitaires, les anomalies du développement ainsi que les problèmes de comportement[1]. »

Au Canada, grâce à une étude gouvernementale obtenue par le *Globe and Mail*, nous savons que le taux de pesticides résiduels décelés dans les fruits et les légumes a plus que doublé entre 1994 et 1998. De plus, au Québec, les ventes de pesticides auraient augmenté de 600 % entre la fin des années 70 et le début des années 90, étant donné l'engouement pour l'entretien paysager et l'horticulture ornementale.

Une récente étude menée au Québec nous confirme que 98,7 % des 89 enfants de trois à sept ans soumis à cette analyse avaient des résidus de pesticides dans leur urine. Ces enfants vivaient en milieu résidentiel. Selon le chercheur M. Valcke, la présence de pesticides sans exposition directe démontre que c'est l'alimentation qui est en cause. « À l'heure actuelle, la science reconnaît aux insecticides organophosphorés des effets sur le système nerveux à court ou à moyen termes, lorsqu'ils sont présents dans une certaine concentration (...) Par contre, il subsiste beaucoup d'inconnus quant aux autres impacts possibles de ces produits à long terme ». M. Valcke souligne aussi la possibilité d'effets néfastes pour les systèmes immunitaire et endocrinien et le potentiel cancérigène de ces produits. « Cela devrait nous inciter

1. Laure Waridel, *L'envers de l'assiette*, Les Éditions Écosociété, 2003, p. 61.

à diminuer le plus possible l'exposition, en particulier pour les enfants qui sont reconnus comme étant plus fragiles[1]. »

Cette situation se reflète mondialement. Récemment, en France, deux études ont été rendues publiques. « De la première, il ressort que la moitié des fruits, des légumes et des céréales consommés en France contient des résidus de pesticides. De la seconde, on apprend les risques importants que ces produits de synthèse font courir à la faune sauvage et aux humains. Plusieurs pesticides sont cancérigènes, affectent les défenses immunitaires ou ralentissent la croissance des enfants[2]. »

L'éminent professeur de cancérologie de l'université Paris V, le professeur Dominique Belpomme, est l'auteur du best-seller *Ces maladies créées par l'homme* (Albin Michel). Dans une entrevue publiée dans l'*Actualité médicale* de septembre 2004, il conclut, qu'après trente années de recherche sur les traitements du cancer, que la santé et l'environnement sont intimement liés. Que les maladies d'autrefois étaient bien différentes de celles d'aujourd'hui et il met le tout en lien avec la pollution chimique et la détérioration de notre environnement. « Depuis cinquante ans, les industries ont mis 100 000 molécules chimiques dans la nature et seulement 10 % d'entre elles sont étudiées. Depuis vingt ans, les cas de cancer de la thyroïde ont augmenté de 150 %, 19 autres types de cancers ont connu une progression de 50 % à 100 %. Des études scientifiques montrent que les cancers chez les enfants sont en hausse de 1 % par année aux États-Unis et de 0,8 % en Europe. La stérilité masculine, les malformations congénitales et les allergies sont en croissance rapide. On ne parle plus de maladies résultant du tabagisme ou du vieillissement, mais de maladies qui sont causées par la contamination de l'alimentation, de l'air et de la pollution atmosphérique[3]. »

1. Nathalie Simon, Des pesticides dans le corps des enfants. *Journal Le Reflet*, le samedi 30 octobre 2004.
2. Hubert Reeves, *Mal de Terre*, Éditions du Seuil, 2003, p. 127.
3. Denise Proulx, *L'actualité médicale*, le 22 septembre 2004, p. 12.

Le 7 mai 2004, à l'UNESCO, des experts internationaux, dont le professeur Dominique Belpomme, se sont réunis lors du colloque CANCER, ENVIRONNEMENT ET SOCIÉTÉ organisé par l'Association française pour la recherche thérapeutique anti-cancéreuse (ARTAC). De ces échanges entre scientifiques et organisations non gouvernementales (ONG) est né, ce qu'ils nomment, **l'Appel de Paris**. C'est en fait une « déclaration historique et incontournable sur les dangers sanitaires de la pollution chimique ». Ils ont émis 15 considérations dont certaines touchent particulièrement l'avenir de nos enfants. Tout ceci dans le but de mettre la pression sur les décideurs politiques afin que des mesures soient prises pour contrer la pollution et la dégradation de notre environnement le plus rapidement possible[1].

Comme parents, deux attitudes s'offrent maintenant à nous. Soit que nous attendions que les normes gouvernementales se modifient et que nos politiciens fassent pression sur l'industrie agroalimentaire pour qu'il y ait des changements. Par contre, les faits nous démontrent que ces géants de l'industrie ainsi que nos gouvernements sont difficiles à faire bouger. Soit que nous allions de l'avant en étant proactifs et en offrant à nos enfants des aliments de culture biologique sans attendre. Nous appliquerions ainsi le *principe de précaution*.

Nous connaissons les risques, mais nous ignorons le niveau de sensibilité de notre enfant ou de notre bébé à tous ces poisons. Bien que la pollution soit omniprésente et qu'il soit utopique de consommer des aliments exempts de toute particule chimique, nous savons premièrement que les aliments biologiques en contiennent forcément beaucoup moins que les aliments issus de l'agriculture conventionnelle. Et deuxièmement, nous devons à nouveau prendre le temps de cuisiner afin d'offrir à nos enfants une alimentation la moins transformée possible, sans additif de toute sorte. Tous les parents qui se heurtent aujourd'hui à la difficulté d'avoir un enfant souffrant d'allergies alimentaires sont maintenant dans l'obligation de lire les étiquettes et de cuisiner

1. Renseignements : http://appel.artac.info/

eux-mêmes à la maison. N'attendons pas d'en avoir l'obligation, retrouvons ce plaisir par choix!

Les métaux lourds

Les métaux lourds sont omniprésents dans nos vies et ils ne datent pas d'hier. L'étude des glaces polaires permet de découvrir l'histoire complète de l'atmosphère. « On peut grâce à des carottes glaciaires prélevées plus ou moins profondément, reconstituer la composition de l'air de différentes époques. Ainsi on a appris que la pollution par le plomb date de 3 000 ans et celle par le cuivre de 2 500 ans[1]. » Maigre consolation : nos descendants pourront suivre à la trace tous les méfaits que nous aurons infligés à la Terre avec nos technologies de pointe et toutes celles à venir.

Ce n'est pas le but de cet ouvrage de souligner tous les métaux lourds auxquels nous sommes confrontés quotidiennement. Il existe des livres spécialisés sur le sujet. Je vais en retenir quelques-uns, plus connus, qui ont un impact sur l'équilibre nerveux de nos enfants.

Le mercure

Le Programme des Nations Unies pour l'environnement (PNUE) révélait en 2003 que la pollution par le mercure est encore bien présente. L'activité humaine diffuse dans l'atmosphère 70 % des émissions du mercure par l'exploitation des centrales électriques au charbon et les usines d'incinération. Ce qui représente près de 1 500 tonnes d'émission de mercure par année tout en sachant que ce métal lourd est dangereux pour les hommes et les animaux. « Les mines artisanales d'or et d'argent, les cimenteries, les crématoires, certains savons ou crèmes pour éclaircir la peau et… les amalgames dentaires constituent "d'autres sources importantes d'émission de mercure", souligne un rapport d'experts cité hier par le PNUE. » Ils soulignent aussi quelques effets nocifs du mercure comme l'irritabilité, les tremblements,

1. Jean Seignalet, *L'alimentation ou la 3e médecine*, François Xavier de Guilbert Édition, 1998, p. 121.

les troubles de la vue, les pertes de mémoire, des problèmes cardiovasculaires et des lésions cérébrales.[1]

Le mercure fait partie de nos vies même si nous ne travaillons pas en usine. Nous sommes sensibilisés à la présence du mercure dans certains poissons comme le thon et, pourtant, nous oublions que nous en avons une grande quantité dans notre bouche. Une des plus grandes sources de métaux lourds vient de nos amalgames dentaires (plombages). Ces derniers ne contiennent pas du plomb, mais plutôt un alliage de mercure (50 %), d'argent (30 %), d'étain (9 %), de cuivre (9%) et un peu de zinc, selon le mode de fabrication.

Les premiers amalgames contenant du mercure furent créés au siècle dernier par les Français. Cette nouvelle méthode fut introduite aux États-Unis par des hommes d'affaires européens. Cet alliage était avantageux, étant donné son bas prix comparativement au prix de l'or, qui était habituellement utilisé. Par contre, il est intéressant de savoir que dès 1830, les premières polémiques concernant les amalgames sont apparues. On soupçonnait déjà à l'époque que le mercure affectait le système nerveux!

Le problème des amalgames dentaires est ressorti réellement au grand jour, il y a une quinzaine d'années, avec l'apparition d'une littérature scientifique massive affirmant que l'utilisation de cet amalgame est nuisible, et ce, pas seulement chez les patients sensibles.

Les amalgames contenant du mercure sont progressivement bannis dans certains pays comme la Suède et l'Allemagne. Pourquoi? Parce les autorités de ces pays ont reconnu les risques pour la santé d'une intoxication chronique liée au mercure. Le docteur Alfred Zanim, médecin de Kingston, dans l'État de New York, soutient que les manifestations de l'intoxication chronique au mercure peuvent commencer jusqu'à dix ans après l'insertion des amalgames dentaires qui contiennent 50 % de mercure.

1. Nations Unis (AFP), Gare au mercure! *Le Soleil*, le mardi 4 février 2003, p. A 8.

La recherche scientifique démontre que le mercure en petites quantités peut endommager le cerveau, le cœur, les poumons, le foie, les reins, la glande thyroïde, l'hypophyse, les surrénales, les cellules sanguines, les enzymes, les hormones et déprimer le système immunitaire.

Nous savons aujourd'hui que des vapeurs de mercure se dégagent constamment des amalgames dentaires[1] lors de la mastication. Ces vapeurs sont un poison qui est absorbé par les poumons et qui passe directement dans la circulation sanguine. Pour le fœtus, il transite facilement dans le cerveau, lors de la grossesse, et il s'accumule également dans les autres tissus et organes.

Les symptômes reliés à une intoxication chronique au mercure sont importants et variés. Notons, particulièrement, que sur le plan psychologique, il peut y avoir irritabilité, nervosité, timidité, perte de mémoire, perte d'attention, perte de confiance en soi, perte de contrôle de soi, épisode de colère, dépression, anxiété, insomnie et somnolence. Sur le plan immunologique, il peut y avoir allergie, asthme, rhinite et sinusite. On retrouve aussi la fatigue, la faiblesse musculaire, l'anémie, la perte d'appétit, la perte de poids, les douleurs articulaires, etc.

Une majorité de dentistes refusent encore de constater les dommages reliés à l'utilisation de ces amalgames, position qui est maintenue par l'Association dentaire canadienne (ADC) et par Santé Canada. Selon eux, la petite quantité de mercure qui est libérée par les amalgames ne suscite pas de problèmes de santé et aucune étude ne prouve les effets toxiques du mercure fixé dans la bouche. « Dans l'incertitude, Santé Canada a tout de même émis un avertissement en 1996 : les amalgames ne sont pas recommandés pour les femmes enceintes et les enfants en bas âge, ceux-ci étant plus sensibles aux effets des métaux lourds. » Et d'après Environnement Canada, de faibles concentrations de mercure peuvent avoir « une incidence sur la future capacité d'apprentissage et sur la coordination musculaire des

1. C.W. Suare, L.C. Petersen, et al., The Effect of Dental Amalgams on Mercury Levels in Expired Air. *J.Dent. Res.*, vol. 60, n° 9, 1981, p. 1688-1671.

enfants à naître[1] ». Et pourtant, les scientifiques pourront tous vous confirmer que hors de la bouche, le mercure est considéré comme une matière dangereuse. Les hygiénistes enceintes sont d'ailleurs immédiatement retirées de la clinique dentaire dès le début de la grossesse. Comment une matière jugée dangereuse peut-elle devenir sécuritaire dans la bouche d'un individu? Il y aurait quand même 27 % des dentistes en Amérique du Nord qui refuseraient d'utiliser des obturations au mercure dans leur pratique professionnelle.

Nous sommes portés à penser que la principale source de pollution au mercure vient du poisson. En fait, il a été établi que nous recevions quotidiennement environ 2 µg de métaux lourds, par la pollution de l'air, d'une part, et en mangeant du poisson, d'autre part. Par contre, avec huit amalgames dentaires conventionnels, nous recevons de 15 à 17 µg de mercure quotidiennement. Le jeune enfant recevra du mercure par les « plombages » de sa mère et de son alimentation pendant la grossesse et pendant l'allaitement maternel, avec toutes les conséquences que ça entraîne[2].

Les preuves s'accumulant à travers le monde que le mercure peut nuire au développement du cerveau du fœtus « a incité le gouvernement fédéral de la Santé à réviser ses recommandations quant à la consommation de poisson par les femmes en âge de procréer. (...) Selon des études effectuées au cours de la dernière décennie, même de faibles taux de mercure dans le sang de la mère ou le lait maternel peuvent affecter le développement du cerveau de l'enfant, menant à des problèmes d'apprentissage et causant une intelligence inférieure[3]. » Chez nos voisins du sud,

1. Non au mercure! *Guide Ressources (Ressources Santé)*, avril 2003, p. 42-44.

2. L'intoxication au mercure par amalgames dentaires. *Guide du patient*, L'Association de médecine dentaire holistique du Québec, troisième édition, 1997, p. 7. http://www.amdhq.qc.ca.

3. Contamination au mercure, Ottawa révise ses recommandations sur la consommation de poisson. *Le Soleil*, le dimanche 21 novembre 2004, p. A 3.

la Food and Drug Administration (FDA) est allée de l'avant en recommandant aux femmes en âge de procréer de ne consommer du poisson que deux fois par semaine, incluant les fruits de mer et le thon en conserve afin d'éviter les excès de mercure.

Que représente un faible taux de mercure? Est-il le même pour tous? L'impact à court terme sera-t-il identique s'il passe directement dans le sang par une injection (vaccin) plutôt que d'entrer dans le corps par l'intermédiaire de l'estomac? La question se pose puisqu'une autre source importante de mercure a été mise à jour chez l'enfant. Certains vaccins pour enfants et pour adultes contiennent une substance préservative : le thimérosal. Ce dernier est un composé organique contenant 49 % de mercure qui prévient la contamination bactérienne et fongique. Ce produit a été approuvé par la Food and Drug Administration (FDA), en 1930, et il n'a pas été réévalué depuis. Il est fabriqué par la compagnie Eli Lilly. En 1999, l'American Academy of Pediatrics et le US Public Health Service recommandaient, par précaution, le retrait du thimérosal des vaccins. Des études avaient alors établi un lien entre l'absorption de mercure et certains problèmes neurologiques et rénaux chez l'humain. Le nombre croissant d'enfants américains souffrant d'autisme régressif (apparu à partir de dix-huit mois après un développement normal) a mis le doute sur certains vaccins comme facteurs déclencheurs. Une étude impliquant plus de 140 000 enfants a été publiée dans l'édition de novembre 2003 de la revue *Pediatrics*. Les chercheurs affirmaient n'avoir découvert aucun lien significatif entre les vaccins contenant du thimérosal et l'autisme ou le déficit de l'attention. Cette étude ne fait pas l'unanimité puisque l'auteur principal de l'étude, le docteur Verstraeten est employé par la compagnie *GlaxoSmithkline*, géant pharmaceutique européen qui fabrique, entre autres, des vaccins...

Cette saga est loin d'être terminée puisqu'un nouveau « joueur » vient d'entrer en scène. Il s'agit de nul autre que Robert F. Kennedy Jr, célèbre avocat, environnementaliste, professeur clinicien et avocat superviseur de la Environmental Litigation Clinic de

White Plains, New York. M. Kennedy vient de publier deux articles fort intéressants. Le premier daté du 10 juin 2005 est intitulé : Deadly Immunity (Immunité mortelle)[1] et le second, publié le 1er juillet 2005, est intitulé Autism, mercury, and politics (Autisme, mercure et politiques)[2]. M. Kennedy était septique, au début, quant au lien possible entre l'autisme et certaines pratiques vaccinales. « Ce fut seulement après avoir lu les transcriptions de Simpsonwood, étudié la principale recherche scientifique et parlé avec plusieurs autorités nationales en matière de mercure que je suis devenu convaincu que le lien entre le thimérosal et l'épidémie de désordres neurologiques infantiles est réelle. » Il révèle que 500 000 petits Américains sont actuellement affectés par l'autisme et que plus de 40 000 nouveaux cas sont identifiés chaque année. Connaissant les risques reliés à l'utilisation d'éthylmercure, la Russie a interdit l'ajout de thimérosal aux vaccins des enfants il y a vingt ans! Le Danemark, l'Autriche, le Japon, la Grande-Bretagne et tous les pays scandinaves ont émis les mêmes recommandations. En Chine, la maladie était pratiquement inconnue avant 1999, année où des vaccins contenant du thimérosal ont été utilisés. Les nouveaux rapports font état de plus de 1,8 millions d'autistes. La progression est constante en Inde, en Argentine, au Nicaragua et dans d'autres pays en voie de développement qui utilisent des vaccins contenant du thimérosal. Selon M. Kennedy, l'Organisation mondiale de la Santé continue d'affirmer que le thimérosal est sécuritaire, mais qu'elle le garde sous évaluation en lien avec des désordres neurologiques possibles. M. Kennedy tentera donc de faire la lumière sur ce dossier dans les prochains mois.

Il n'en demeure pas moins que la compagnie *Merk* a retiré le thimérosal de ses vaccins de l'hépatite B destinés aux enfants, en 1999. On retrouve ce préservatif particulièrement dans les

1. Consulter les sites suivants : http://www.rollingstone.com/politics/story/_/id/7395411, http://www.law.pace.edu/envclinic/index.html et http://www.safeminds.org/
2. Cet article a été publié dans *The Boston Globe*.

vaccins multidoses. Voici les vaccins qui contiennent encore du thimérosal selon l'organisme Safe Minds :

Influenza : Fluzone (*Aventis*) pour adulte en multidose ou unidose
Fluviron (*Chiron*), 25 µg par dose.

Tétanos (*Adventis*) : 25 µg par dose.

Diphtérie-tétanos (*Aventis*) : 25 µg par dose.

Encéphalite japonaise : JE-VAX (*Aventis*) : 35 µg par dose adulte
17,5 µg par dose enfant de 1 à 3 ans.

Au Québec, pour la période 2004-2005, nous avons les vaccins contre la grippe :

Vaxigrip (*Aventis*) : vaccin antiinfluenza inactivé trivalent de types A et B.

Il contient des protéines d'œuf, il est donc contre-indiqué chez les personnes allergiques à ces derniers. Dans les flacons multidoses nous retrouvons du thimérosal à 2 µg par dose. Il est conseillé, par le fabricant, pour les enfants à partir de six mois.

Fluviral (*Shire*), vaccin antiinfluenza qui contient 50 µg de thimérosal par dose. Il contient aussi des protéines d'œuf.

Dans le calendrier régulier de vaccination au Québec, il y a aussi les vaccins suivants qui contiennent du thimérosal[1] :

d2T5 (diphtérie-tétanos), **d2T5Polio** (diphtérie-tétanos-poliomyélite), **Salk** (polio inactivé), **Engerix-B** (hépatite B) qui contient des traces seulement et **Recombivax HB** (hépatite B) dans la présentation pour adulte avec agent de conservation.

Le Safe Minds[2] (Sensible Action For Ending Mercury–Induced Neurological Disorders), organisme de parents à but non lucratif fondé pour enquêter sur les risques reliés à une exposition au

1. http://www.rrsss17.gouv.qc.ca/santepub/pdf/piq/annexe_b.pdf
2. http://www.safeminds.org

mercure contenu dans les produits médicaux, recommande fortement que des recherches indépendantes soient entreprises[1].

Certaines données tendent à démontrer que la capacité d'excréter le mercure peut varier d'un enfant à l'autre. Cette incapacité à se désintoxiquer naturellement pourrait amener d'énormes disparités dans le développement du cerveau des jeunes enfants selon Sallie Bernard, directrice exécutive du Safe Minds.

Le mercure disparaît rapidement du sang pour se localiser dans les différents organes du corps. L'analyse des cheveux n'est pas un bon indicateur pour évaluer le taux de mercure dans l'organisme puisque c'est un métal qui ne s'élimine pas facilement. Par contre, il existe des tests de provocation urinaire dans lesquels on utilise des agents chélateurs qui permettent de vérifier s'il y a présence ou non de mercure dans l'organisme. Ces tests sont disponibles dans certains laboratoires privés.

Quoi qu'il en soit, si nous retenons encore une fois le *principe de précaution*, nous devrions, comme parents, éviter d'exposer consciemment nos enfants à des sources de mercure, quelles qu'elles soient.

L'aluminium

L'aluminium est, sur notre Terre, le plus abondant des métaux. Dans la nature, il n'existe pas à l'état libre. Combiné à l'oxygène, au fluor et au silicium, il constitue environ 8 % de l'écorce terrestre. Il fut présenté au public pour la première fois en 1855 à l'Exposition Universelle de Paris. Depuis, son utilisation s'est répandue à tout venant. On le retrouve dans toutes les sphères de l'industrie.

Plus près de nous, nous le retrouvons dans les antisudorifiques (entre 17 à 22 % d'aluminium et plus), dans les ustensiles et les casseroles pour la cuisine, dans le papier d'aluminium, dans la fabrication de plusieurs types de médicaments dont les

1. Un livre à surveiller chez St. Martin's Press en 2005 : *Evidence of Harm, Mercury in Vaccines and the Autism Epidemic : A Medical Controversy* par David Kirby, collaborateur au *New York Times*.

antiacides, dans les cannettes de toute sorte, dans les boîtes de conserve, dans le sel de table, dans la poudre à pâte, dans les dentifrices, dans certains pesticides, dans la fumée de tabac, dans les gaz d'échappement des véhicules, dans les amalgames dentaires, dans l'eau (utilisé pour précipiter les impuretés des eaux souillées dans les stations d'épuration) et sous forme d'hydroxyde d'aluminium dans la fabrication de plusieurs variétés de vaccins (diphtérie, tétanos, coqueluche, polio, hépatites A et B, etc.). L'aluminium se retrouve aussi naturellement dans les aliments. L'adulte consomme environ 8 mg d'aluminium par jour au moyen de son alimentation. Les additifs alimentaires ajoutés aux aliments préparés en industrie peuvent augmenter de façon significative ce taux d'aluminium (ex. sulfate d'aluminium, sulfate d'aluminium sodique, sulfate d'aluminium potassique, silicate alumino-calcique, silicate d'aluminium, etc.). Heureusement qu'une grande partie de l'aluminium que nous absorbons par la voie digestive est insoluble et qu'il est éliminé par les selles. Par contre, si l'aluminium est lié à des acides organiques ou qu'il y a perméabilité de la muqueuse intestinale, il sera plus facilement assimilé dans le sang. L'aluminium présent dans le sang sera éliminé en partie par les reins. L'aluminium passe la barrière placentaire et peut s'accumuler dans le fœtus. Il peut aussi être transmis par l'allaitement maternel.

Par la suite, à cause de la vaccination, le bébé reçoit de l'hydroxyde d'aluminium et/ou du phosphate d'aluminium. L'aluminium n'a pas la même fonction que le mercure dans la formule vaccinale. Il fait partie des adjuvants d'immunité, c'est-à-dire que l'aluminium est ajouté aux vaccins dans le but d'augmenter la réaction du système immunitaire et de faciliter la production d'anticorps. « Les vaccins contenant de l'aluminium peuvent non seulement provoquer des réactions localisées au site d'injection, mais aussi des symptômes généraux durables, comme de la fatigue, de la fièvre, des douleurs musculaires et articulaires. Cet ensemble de symptômes constitue une nouvelle maladie, la myofasciite à macrophages, qui a été mise en évidence pour la première fois en 1993[1]. »

L'aluminium n'apporte, à ce jour, aucune propriété bénéfique pour l'organisme. Par contre, on reconnaît qu'un haut taux d'aluminium dans l'organisme est préjudiciable à la santé. Il est incriminé dans le développement de l'alzheimer, de l'ostéoporose, dans le ramollissement des os, dans les problèmes gastro-intestinaux, les coliques, les maux de tête, la fatigue, l'anémie, l'insomnie, l'irritabilité, les pertes de mémoire, les troubles de comportement, les troubles de concentration, les vertiges, la diminution des fonctions rénales et hépatiques, etc. Des expériences chez les rats ont démontré que l'aluminium accélère le processus de vieillissement des structures nerveuses du cerveau.

L'aluminium tend à augmenter dans le corps lorsqu'il y a un manque de vitamine C, de zinc et de calcium. Plusieurs enfants ont des taux d'aluminium élevés dans leurs cheveux, ce qui reflète un taux d'aluminium élevé dans leur organisme. Il est donc préférable de restreindre au maximum les sources d'aluminium dans l'environnement de nos enfants, puisque nous ne connaissons pas à l'avance leur sensibilité à ce métal.

Le plomb

Nous pensons souvent, à tort, que le plomb a disparu de notre environnement. Depuis 1978, en Amérique du Nord, la peinture ne contient plus de plomb (en fait il était encore permis en petite quantité dans les peintures extérieures, mais depuis 1992, les fabricants canadiens ont volontairement retiré le plomb de leurs produits). Pour ce qui est de l'essence, en 1973, le plomb constituait 70 % des émissions totales de plomb échappées dans l'atmosphère canadien. Le gouvernement a donc émis un plan de réduction afin d'éliminer cette source de pollution. Depuis 1991, la contamination par le plomb à travers l'essence a pratiquement disparu. Bien que ces deux grandes sources aient

1. *Aluminium et vaccins* par Jean Pilette, docteur en médecine. http://www.vaccinetruth.info/adverse/aluminium_ds_vaccins.html.

été éliminées, le plomb est encore bien présent dans nos vies. Les industries canadiennes rejetteraient dans l'air un volume de plomb treize fois plus élevé, en moyenne, que les industries américaines selon les données d'un rapport de la Commission de coopération environnementale (CEE). Le Québec se classe au deuxième rang derrière l'Ontario comme émetteur de ce métal toxique au Canada[1].

L'intoxication au plomb se nomme *saturnisme*. C'est une maladie qui est normalement contractée par le biais de certains métiers à risque. On pense alors aux soudeurs, aux émailleurs, aux garagistes, aux travailleurs dans les fonderies de plomb et aux ouvriers dans les usines de recyclage de batteries. Les jeunes enfants sont aussi à risque, particulièrement ceux qui vivent dans des villes polluées par l'essence au plomb. Le plomb pénètre dans l'organisme par la voie digestive ou respiratoire.

Nous retrouvons beaucoup de plomb dans la peinture des maisons construites avant 1950. Ces vieilles peintures contenaient jusqu'à 50 % de plomb. Celles qui ont été construites ou les appartements peints entre 1950 et 1980 contiennent aussi du plomb, mais en moins grande quantité. Il faut donc être très prudent avec le décapage de vieilles surfaces peintes. Ce travail devrait être fait avec un masque dans un endroit bien ventilé interdit aux enfants et aux femmes enceintes ou allaitantes. Nous pouvons aussi retrouver du plomb dans les végétaux cultivés dans des sols contaminés, dans l'eau de pluie, dans l'encre, dans la cendre de cigarette, dans certains insecticides et pesticides, dans les éviers et baignoires de porcelaine, dans certaines glaçures de poteries, dans la peinture de produits importés (par exemple de la Chine), dans les conserves importées de pays où la soudure au plomb est encore permise (ce qui n'est pas le cas pour le Canada et les États-Unis), dans l'eau du robinet provenant de vieilles tuyauteries (si les conduites ont été fabriquées avant 1990 et que l'eau est plutôt acide, les risques sont plus

1. Pierre Lefrançois, Pollution par le plomb : encore trop importante au Canada. *Réseau Protéus*, le 31 mai 2005. http://www.cec.org.

grands d'avoir des traces de plomb dans l'eau). Le Code du bâtiment interdit maintenant la soudure au plomb et l'utilisation de plomb dans les conduites. Malheureusement, une fois que le plomb est libéré dans l'environnement, il ne disparaît pas de si tôt. On peut donc le retrouver dans la poussière et dans les sols à proximité des grands axes routiers.

Les symptômes reliés à un haut niveau de plomb sont variés. L'intoxication aiguë se manifeste par des douleurs abdominales sévères, des diarrhées, des vomissements, une faiblesse des membres et, à l'extrême limite, il y a convulsions et mort. L'intoxication chronique entraîne des perturbations mentales comme la perte de mémoire, une instabilité émotive, un manque de coordination, des maux de tête, de l'irritabilité, de la fatigue, une perte de poids, de l'anémie, un affaiblissement de l'immunité et une diminution de la capacité intellectuelle.

L'enfant est plus sensible que l'adulte à l'intoxication au plomb, car sa capacité d'élimination rénale est faible et son cerveau en pleine croissance est plus sensible aux éléments toxiques. Les signes banals de contamination par le plomb chez l'enfant sont la constipation, de vagues douleurs abdominales, un retard scolaire, des troubles de l'attention et du sommeil, une pâleur liée à une anémie, de l'hyperactivité ou de l'agitation, de la colère excessive, des pleurs sans raison apparente, des problèmes de langage, des difficultés d'apprentissage et, à la limite, un retard intellectuel.

Le docteur Bruce Lanphear et ses collègues américains ont suivi 276 enfants vivant en zone urbaine, de l'âge de six mois jusqu'à cinq ans. Leur conclusion est la suivante : « Les enfants exposés au plomb, même à des taux considérés aujourd'hui comme sécuritaires (entre 1 et 10 mcg par décilitre de sang), réussissent nettement moins bien aux tests d'intelligence. On peut penser qu'un enfant sur 30, aux États-Unis, souffre des effets néfastes d'un contact avec du plomb[1]. »

1. *The Associated Press* (1er mai , 2001) Bulletin d'information en santé environnementale. Direction de la santé publique de Montréal Centre.

Le plomb traverse la barrière placentaire et il est excrété dans le lait maternel. « Des études indiquent que le système nerveux est particulièrement sensible aux effets nocifs du plomb au cours des trois premières années de vie[1]. »

Les carences en calcium, en zinc, en fer, en vitamines B, C, D et en fibres alimentaires nuisent à l'élimination naturelle du plomb par l'organisme. L'analyse sanguine nous permet de constater les intoxications récentes au plomb. Comme le corps ne peut fonctionner longtemps avec un taux de plomb élevé au niveau du sang, ce plomb est rapidement déplacé dans les tissus, dont les cheveux. Ils reflètent donc bien le taux de plomb présent dans l'organisme. Dans nos pays, sans essence au plomb, il est encore une fois étonnant de constater que ce métal est bien présent dans notre environnement. Un fait divers a d'ailleurs attiré mon attention sur ces expositions cachées.

Le voici : « Des raisins secs contenant un taux alarmant de plomb ont été importés pendant plusieurs années sans que le ministère fédéral de la Santé en prévienne la population, rapporte un article publié dans le *National Post*[2]. »

Dès le début des années 90, des scientifiques de Santé Canada ont découvert que plusieurs échantillons de raisins contenaient du plomb. Ces raisins, en provenance de la Turquie, avaient été contaminés par un fongicide. Une poignée de raisins par jour était suffisante pour élever le taux de plomb dans l'organisme d'un enfant. En 2001, de nouveaux tests ont révélé que le « problème avait été réglé en bonne partie ». Madame Margot Geduld, porte-parole pour le ministère, a affirmé que les consommateurs n'avaient pas été prévenus, même si ces raisins étaient encore en vente sur le marché.

---

1. Santé Canada. Trousse d'information sur le plomb. http://www.hc-sc-gc.ca.
2. Toronto (PC), La population n'a pas été prévenue que des raisins secs contenaient du plomb. *Le Soleil*, le 28 avril 2002.

On ne peut que constater que nous sommes soumis aux *oublis administratifs* ou du moins aux lenteurs du système en place avec les conséquences qui s'y rapportent.

L'arsenic

L'arsenic se retrouve dans l'air, dans l'eau potable, dans le porc, le poulet, les fruits de mer, les conservateurs pour le bois, dans les herbicides et insecticides, la fumée d'échappement des voitures, certains détergents et les conifères comme le sapin et le pin, qui l'accumulent facilement.

L'arsenic augmente les risques de cancer de la peau, du foie, du système lymphatique, des poumons, de la vessie, des reins et du scrotum. À moins fortes doses, il cause des maux de tête, de la confusion, des convulsions, des vomissements, de la diarrhée, etc.

Le grand public n'a jamais été bien informé des dangers possibles présentés par le bois traité. Inventé en Inde en 1933, l'ACC (l'arséniate de cuivre chromaté) a permis de sauver bien des forêts en protégeant le bois contre les insectes et les moisissures. Un pied cube de ce bois traité verdâtre contient de 0,25 à 2,5 livres d'arsenic insecticide, sans parler du cuivre fongicide et du chrome qui les fixent au bois. L'arsenic est un poison sans seuil de toxicité : aucune dose n'est considérée sécuritaire. Quand la pluie tombe sur le bois traité à l'ACC, elle peut lessiver de l'arsenic. On trouve des niveaux élevés d'arsenic à la surface du bois traité à l'ACC et dans les sols sous les installations construites avec ce type de bois. Même après dix ans, la décomposition de la lignine du bois entraîne l'émission de quantités très élevées de la forme la plus toxique d'arsenic : l'arsenic trivalent ou arsénite. Le gouvernement américain recommande de sceller au moins une fois l'an le bois traité à l'arséniate de cuivre chromaté. Depuis le 31 décembre 2003, l'ACC n'est plus utilisé pour traiter le bois résidentiel au Canada et aux États-Unis[1]. L'usage de bois traité est aussi interdit en Suisse, en Indonésie et au Vietnam.

1. André Fauteux, Bois traité. Comment protéger la santé de nos enfants. *Le Journal de Montréal*, le samedi 28 mai 2005. Cahier Votre maison, p. 3.

L'Agence de réglementation de la lutte antiparasitaire (ARLA) de Santé Canada devrait émettre en 2006 ses recommandations sur la réévaluation de l'arséniate de cuivre chromaté.

D'où vient la contamination alimentaire? Est-elle accidentelle? Pas toujours du moins! Puisqu'on ajoute un dérivé de l'arsenic (acide arsanilique) à la nourriture de la volaille pour hâter la croissance et contrôler les parasites intestinaux. Cette pratique a cours aussi bien au Canada qu'aux États-Unis. « Les auteurs de l'étude américaine estiment que les grands consommateurs de poulet puisent dans cette viande jusqu'à 22 % de la quantité totale d'arsenic jugée acceptable, soit plus qu'on ne pensait[1]. »

Le cuivre

Le cuivre est utilisé en médecine depuis des milliers d'années. Une des plus anciennes références a été écrite entre 2 600 et 2 200 avant Jésus-Christ; elle décrit l'emploi du cuivre pour soigner les blessures de poitrine infectées et pour purifier l'eau destinée à la boisson. Diverses autres utilisations sont possibles. Entre autres, les ions de cuivre et d'argent peuvent maîtriser les bactéries et les virus dans des bassins de natation privés. Un manque extrême de cuivre causerait les symptômes suivants : baisse d'énergie, blanchiment de la peau et des cheveux et dislocation des articulations.

Le cuivre fait partie du groupe relativement restreint des éléments métalliques essentiels. De même que les acides aminés, les acides gras et les vitamines, ces métaux sont indispensables aux processus métaboliques. Cependant, le corps ne peut pas les synthétiser, de sorte qu'ils doivent être pris et absorbés par l'alimentation.

Il y a des aliments spécialement riches en cuivre. Ceux-ci comprennent les huîtres, le foie, plusieurs noix (notamment la noix du Brésil et la noix de cajou), les graines (notamment de pavot et de tournesol) ainsi que les pois chiches.

1. Poulet : attention, danger! *L'Actualité*, le 1er mars 2004.

Le corps humain adulte contient entre 1,4 mg et 2,1 mg de cuivre par kg de poids. Le corps d'un enfant en contient trois fois autant, car ses besoins métaboliques sont plus grands que ceux des adultes.

Le cuivre est contrebalancé par le zinc et vice-versa. Un excès de cuivre provoqué par la consommation d'eau contaminée par de vieilles tuyauteries fera diminuer le zinc si important pour le système nerveux. Le cuivre est aussi le cofacteur du fer, il est donc essentiel pour en favoriser une bonne utilisation. Tout est donc une question d'équilibre : un peu c'est merveilleux, trop c'est toxique.

Le cadmium

L'exposition au cadmium peut se faire par inhalation ou ingestion dans des lieux ou des situations où des produits de cadmium sont utilisés, manufacturés ou ingérés. La fumée de cigarette est la source la plus importante pour la toxicité du cadmium qui semble d'abord affecter les poumons, les reins, les os et le système immunitaire. Elle peut conduire au cancer des poumons, de la prostate, aux maladies du cœur et causer le jaunissement des dents et l'anémie. Le cadmium semble aussi contribuer aux maladies auto-immunes de la thyroïde.

Le cadmium est préoccupant, car il s'accumule dans l'organisme. C'est aussi le métal le plus récent, son essor industriel datant des cinq ou six dernières décennies. Deux organes sont visés par une concentration de cadmium : le foie et le rein, sur lesquels il engendre des dégâts irréversibles.

Dans l'alimentation, certains aliments paraissent accumuler le cadmium plus que d'autres : ainsi la laitue, les champignons et, surtout, les épinards, mais aussi les abats (foie, rognons). Du côté des crustacés, les teneurs sont élevées chez les moules, les huîtres, les palourdes, les coquilles Saint-Jacques et les crabes (dans leur partie brune). La cigarette contient également un microgramme de cadmium. Pensons à la fumée secondaire qui incommode les enfants.

En résumé, les métaux lourds sont présents dans notre environnement à notre insu. Ils sont dangereux pour la santé. Selon son profil biochimique, chacun d'entre nous tolère une certaine quantité de métaux lourds qu'on ne peut prédéterminer. Les enfants sont plus sensibles que les adultes puisqu'ils sont en croissance. Il est impossible de connaître précisément et scientifiquement les effets d'une accumulation de métaux lourds dans un organisme vivant puisque les variables sont infinies (quantité et variété de métaux, capacité de détoxification reliée à l'individu, état nutritionnel propre à chaque personne, etc.). Par contre, nous savons que les métaux lourds se substituent aux minéraux essentiels de l'organisme. Ils déséquilibrent la flore intestinale, ils produisent des radicaux libres, ils causent des allergies, ils endommagent les cellules nerveuses. Ces raisons sont donc suffisantes pour que nous tentions, comme parents, de diminuer au maximum l'exposition de nos enfants aux métaux lourds.

Autres produits chimiques

Dans la revue *Archives of Pediatrics and Adolescent Medecine,* une étude intéressante a été publiée récemment portant sur les enfants de femmes qui avaient un point commun : elles avaient toutes été en contact, de par la nature de leur travail, avec des solvants organiques pendant leur grossesse. Ces femmes travaillaient dans des salons de coiffure, dans des laboratoires, dans des compagnies de nettoyage à sec, dans des usines, dans des studios de photographie ou encore dans des salons funéraires pratiquant l'embaumement.

La conclusion de cette recherche, selon le docteur Gideon Koren de l'Hôpital pour enfants de Toronto, est que ces solvants affectent le développement du cerveau pendant la grossesse. « Ces enfants avaient de moins bons résultats aux tests mesurant le quotient intellectuel, les aptitudes au langage et les capacités intellectuelles[1]. »

Bien que les parents ne signalaient aucun problème majeur avec leurs enfants, « l'examen plus attentif de certaines fonctions spécifiques ont indiqué une performance inférieure, a souligné le toxicologue en pédiatrie. Les enfants montraient aussi une plus grande propension à l'hyperactivité et à l'impulsivité, a-t-il ajouté[1]. » Il est bon de noter que ces femmes avaient utilisé les équipements de protection disponibles dans leur milieu de travail. Des recherches avaient déjà déterminé que les adultes ayant inhalé ces vapeurs de solvants ou ayant été en contact par leur peau pouvaient souffrir de dysfonctions neurologiques, mais l'impact sur l'enfant était inconnu à ce jour. D'autres recherches devront être entreprises pour déterminer si ces effets continuent à long terme.

Le bruit

L'exposition au bruit semble bien anodine. Un environnement bruyant ne fait que nous irriter les oreilles croyons-nous. Mais non, cette exposition quotidienne met en branle une multitude de réactions qui épuisent notre organisme à long terme. Notre réaction au bruit est donc innée. C'est un réflexe de survie que nous avons dès la naissance. Le bruit nous fait tressaillir et, immédiatement, notre corps stimule les réactions et les hormones nécessaires afin que nous puissions faire face au danger réel ou hypothétique. Le cortisol, hormone du stress, est donc sécrété, notre tension artérielle s'accélère, notre pulsation cardiaque augmente, notre sang est plus fluide pour une meilleure utilisation musculaire, bref, nous sommes prêts à l'action : fuite ou combat!

Chez le fœtus, le sens de l'ouïe est complètement développé vingt semaines après la conception. À l'intérieur du ventre de sa mère, le fœtus n'est pas protégé contre le bruit. L'environnement sonore de sa mère revêt une grande importance puisqu'un niveau de

1. L'exposition aux solvants affecte le fœtus. *Le Soleil*, le mardi 5 octobre 2004, p. A 12.

bruit excessif pourrait entraîner une déficience auditive dans les hautes fréquences chez les nouveau-nés ainsi qu'une naissance prématurée ou encore un retard de croissance utérine. Une exposition sonore régulière comprise entre 85 dB et 95 dB peut s'avérer néfaste pour le bébé à naître. Les chercheurs constatent qu'il faut entreprendre d'autres recherches sur l'exposition au bruit durant la grossesse[1].

Les garderies ainsi que les écoles maternelles pourraient aussi être trop bruyantes pour des oreilles enfantines. « Une étude danoise a confirmé le besoin de prendre des mesures contre le bruit dans les écoles maternelles. Selon l'étude effectuée par l'association des enseignants des écoles maternelles et des crèches, le niveau de bruit journalier dans les écoles maternelles est de l'ordre de 80 dB à 85 dB[2]. » Pour donner un élément de comparaison, un bruit permanent de 85 dB lors d'une journée de travail peut entraîner des lésions auditives, et des protections auditives seraient nécessaires.

Pour l'Organisation mondiale de la Santé (OMS), le bruit peut être à l'origine de multiples problèmes : déficits auditifs, gêne de la communication, perturbation du sommeil, effets cardiovasculaires et psychophysiologiques, diminution de la qualité du travail, effets négatifs sur la lecture, la concentration, la résolution de problèmes et la mémoire, réactions d'hostilité ainsi que des changements du comportement social[3]. Le bruit peut aussi provoquer des maux de tête, de la fatigue excessive, de la tension, des troubles de la voix et des difficultés d'apprentissage du langage chez le jeune enfant.

Les enfants d'aujourd'hui partent généralement tôt, de la maison, pour débuter leur journée au service de garde scolaire. Ils vivent leur journée en classe tout en dînant à l'école au même

1. Né avec une déficience auditive. *Pediatrics*, volume 100, numéro 4, octobre 1997.
2. Source : *Din Hørsel*, n° 2, mars 2004.
3. Source : OMS, *Aide-mémoire* N° 258, février 2001. http://www.who.int/mediacentre/factsheets/fs258/fr/print.html

service de garde. La journée terminée, le service de garde scolaire prend la relève souvent jusqu'à 17 h, 17 h 30. Ils vivent donc constamment dans un environnement de groupe qui les expose à des bruits importants. Pensons donc au transport en autobus scolaire qui, en plus d'être une grande source de bruit, peut être aussi une grande source de stress pour l'enfant timide ou différent (obésité, couleur de la peau, habillement, langage, etc.) Nous serions fatigués ou irritables à moins que cela, le bruit étant un irritant majeur du système nerveux! Après l'école ou le travail, nous sommes aussi confrontés au bruit de la circulation (automobile, camion, ambulance, police, etc.), des avions, du son de la télévision, de la radio, des voisins, etc. Ce n'est pas un hasard si nous nous sentons si calmes après une grande randonnée en forêt!

Par contre, il existe une nouvelle réalité pour bien des enfants. Certains parents, plus nombreux qu'on ne pourrait le croire, ne prennent plus de vacances estivales avec leurs enfants. Ils préfèrent les inscrire à des camps de vacances pendant qu'ils profitent de leurs vacances entre adultes… Ces enfants entrent à l'école fatigués, car le bruit généré par la vie de groupe laisse une trace indélébile.

Nous constatons ici l'importance d'un milieu de vie calme et harmonieux à la maison. Pour faire contrepoids à la vie extérieure, créons un espace où, régulièrement, il n'y a ni télé ni radio d'allumées. Un fond de musique classique ou calme permettra de mieux vivre la transition et facilitera l'heure des devoirs et des leçons.

Les champs électromagnétiques (CEM)

L'ère industrielle et l'accroissement de la population mondiale ont modifié considérablement notre environnement électrique et magnétique. Nous n'avons qu'à penser au mode de vie de la population d'il y a à peine un siècle. L'électricité en était à ses balbutiements. Plutôt rapidement, nous voilà bombardés d'ondes et de micro-ondes de toute sorte. Notre organisme n'a pas été préparé à ce nouvel environnement. L'adaptation d'une espèce à des changements dans le milieu de vie demande énormément de temps.

Un fait est certain : des interactions électromagnétiques existent à tout niveau dans notre organisme, car toute réaction biochimique est accompagnée d'un réarrangement d'électrons libres. D'ailleurs, les membranes cellulaires présentent des propriétés diélectriques indispensables au bon fonctionnement de la cellule. Nous savons tous que notre cœur est commandé par des signaux électriques puisque nombre de patients bénéficient d'un stimulateur cardiaque (*pacemaker*). Il en est de même pour le cerveau et les muscles. En fait, chaque cellule possède des petites piles électriques que l'on nomme *mitochondries*. Les champs électriques naturels ou biologiques sont émis en mode continu et à très faible voltage. Les courants artificiels sont différents. Ils sont en mode alternatif avec des voltages très élevés. Selon certains chercheurs, une sensibilité individuelle semble bien exister[1]. Ainsi, nous ne pouvons être insensibles aux modifications des champs électromagnétiques qui nous entourent.

Il existe deux variétés de champs : les champs électriques (CE) et les champs magnétiques (CM). Les champs électriques se retrouvent partout où passe un fil sous tension. Ils augmentent en intensité quand on branche un appareil, bien que ce dernier ne soit pas encore en position *on,* ou qu'on allume une lampe. On les retrouve aussi sous les lignes à haute tension. Quant aux champs magnétiques, ils sont émis quand l'appareil est en fonction et que le courant circule. Ils sont émis par les lignes à haute tension, les câbles électriques, par tous les appareils qui ont un transformateur ou un variateur d'intensité, par les moteurs électriques, les transformateurs, les radios-réveils, les séchoirs à cheveux, les écrans d'ordinateur, les fours à micro-ondes, les fers à repasser, les téléphones cellulaires, etc. Leur nocivité est

1. Jacques Van Der Stræten, Champs électromagnétiques et santé : état actuel de la question. *Revue de la Médecine Générale*, n° 169, janvier 2000.

plus grande que celle des champs électriques, car les champs magnétiques traversent les corps et les objets.

Les risques reliés à l'exposition quotidienne restent encore nébuleux. Plusieurs effets sont avancés, comme les maux de tête, la nervosité, l'irritabilité, les difficultés de concentration, l'insomnie, un sommeil non réparateur, une diminution de la sécrétion de mélatonine, une diminution des défenses immunitaires, le risque de cancers, etc. Quoi qu'il en soit, une étude québécoise publiée en 2003[1] indique que les femmes enceintes exposées régulièrement à des champs électromagnétiques sont deux fois plus à risque de donner naissance à un enfant souffrant de leucémie. Ces femmes étaient opératrices sur des machines à coudre ou travaillaient dans l'électronique.

Ainsi, notre lieu de sommeil revêt une grande importance. Nous sommes immobilisés pendant plusieurs heures et potentiellement exposés à des champs électromagnétiques variables. Que devons-nous penser lorsque nous observons les chambres à coucher de nos enfants et de nos adolescents? Nous y retrouvons très souvent une télévision, un ordinateur, un radio-réveil et un téléphone et, tout ceci, dans une petite pièce chauffée par une *plinthe* électrique! Les CEM traversant les murs, les appareils électriques (TV, ordinateur, chaîne hi-fi, etc.) qui sont accolés de l'autre côté du mur près du lit peuvent aussi influencer le dormeur. Même les objets denses situés sur un autre étage directement sous le lit comme un réfrigérateur, une voiture dans un garage, une fournaise, etc., peuvent perturber les champs magnétiques. L'individualité biochimique de chacun nous amène à penser qu'il est possible que certains enfants ou adultes sont plus perturbés que d'autres par cette surexposition électromagnétique. La Société canadienne d'hypothèques et de logement (SCHL) suit la tendance internationale en recommandant d'appliquer le principe de précaution.

1. Source : *La Presse*, 29 octobre 2003.

Au Canada, les champs magnétiques sont en moyenne deux fois plus élevés qu'aux États-Unis et jusqu'à dix fois plus élevés qu'en Europe. Sur le *vieux continent* l'usage du 220 volts réduit l'ampérage ce qui diminue les champs magnétiques. La bonne nouvelle c'est que l'intensité de ces champs diminue rapidement avec la distance. Dans la maison, nous devrions nous distancer d'au moins 50 cm et idéalement à plus d'un mètre de tout appareil que nous devons côtoyer plusieurs heures par jour puisque les risques pour la santé sont en lien avec des expositions élevées et régulières. Notons que les champs magnétiques sont plus élevés dans les coins des pièces[1] que dans le centre et nous avons la fâcheuse habitude de placer les lits d'enfants dans le coin de la pièce pour récupérer de l'espace... Le premier principe de précaution est de respecter scrupuleusement le Code d'électricité en vigueur, car les pratiques de câblage et de mise à terre minimisent les champs magnétiques. Par la suite, il y a des revues spécialisées, comme *La Maison du 21e siècle, le magazine de la maison saine*, qui se font un devoir de nous informer sur la qualité de nos habitations en regard de notre santé[2]. Encore une fois, il en va de notre responsabilité parentale.

1. Les champs électromagnétiques dans les maisons canadiennes. http://www.21esiecle.qc.ca/CEMcanadiennes.htm
2. Consulter l'excellent article : Comment minimiser votre exposition aux CEM publié en juin 1995, *Les Éditions du 21e siècle*.

Chapitre 3

L'impact de l'environnement social sur l'équilibre émotionnel de l'enfant

La cellule familiale

Les écrans : télévision, jeux vidéo et ordinateur

Le milieu scolaire

Le stress

« Nous souffrons d'un déficit de l'attention, c'est sûr, mais il s'agit d'un déficit de l'attention de la part de nos parents et des autres adultes dont nous avons besoin pour nous guider. » Dawn

La cellule familiale

Toute personne un tant soit peu attentive à l'actualité écrite (qu'on ne retrouve pas dans les journaux à potins ou à sensation) est capable de discerner ce qui ne va pas dans notre société. Et pourtant, tout continue comme si de rien n'était. Dans les faits, les adultes sont occupés à travailler de longues heures, ils regardent beaucoup la télévision et ils dorment. Entre ces occupations et les différentes tâches de la maison (ménage, magasinage, préparation des repas), il ne reste, dans une période de 24 heures, que 68 minutes par jour en moyenne pour prendre soin des enfants! Ceci inclut 17 minutes pour jouer directement avec eux, 4 minutes pour leur enseigner et 4 minutes pour lire ou parler exclusivement à l'enfant. C'est le résultat d'une enquête que Statistique Canada a mené auprès de 11 000 répondants[1]. Les parents sont tiraillés entre le travail et la vie familiale. Ils sont tendus et fatigués. Il y a bien sûr des parents qui sont dans la course à la performance, d'autres qui sont prisonniers de la consommation et certains sont peut-être centrés sur leur *petit moi*. Mais il y a quand même des familles et des couples qui réussissent à concilier leurs besoins personnels avec ceux de leurs enfants et qui arrivent tant bien que mal à vivre une vie équilibrée et saine où les enfants peuvent s'épanouir. Ne dit-on pas que les gens heureux n'ont pas d'histoire?

Il n'en demeure pas moins que notre époque nous confronte à de grands défis. Au Québec, un enfant sur trois vivra la rupture de ses parents avant l'âge de dix ans. L'impact de ces séparations sur la vie des enfants est encore méconnu. Après plus de deux décennies de ce phénomène social, les chercheurs commencent à mesurer les effets sur les enfants du divorce. « Si certains arrivent à bien s'en sortir, d'autres jeunes devront vivre avec une anxiété accrue et une vulnérabilité émotive deux à trois fois plus élevée que les enfants issus de familles intactes », estime Francine Cyr, professeure au département de psychologie de l'Université de Montréal[2].

Le divorce *réussi* est possible, mais il ne fait pas encore légion. Il est nécessaire de posséder une grande maturité affective pour mettre en veilleuse nos besoins et nos doléances et garder prioritaires nos responsabilités parentales. Bien que parfois nous choisissions de ne plus former un couple, nous sommes parents pour la vie. L'impact d'une séparation *surprise* sur les enfants est tel que la honte les afflige souvent et qu'il leur est difficile d'en parler. Dans une lettre d'opinion sur les enfants du divorce, une

1. Éric Moreau, La guerre au temps. *Le Soleil*, le samedi 22 juin 2002, p. D 2.

2. Colloque sur la vie familiale et la séparation. Les enfants du divorce, plus vulnérables que les autres. *Le Soleil*, le samedi 20 novembre 2004, p. A 7.

jeune fille du cinquième secondaire écrivait que de vivre cette situation, repliée sur elle-même sans en parler, avait entretenu la souffrance. Le temps et la décision d'en sortir grandie lui a finalement permis d'envisager sa vie autrement. Elle constate ceci : « Ce n'est pas nous que les parents délaissent, c'est leur relation (...) Je voyais bien que mes parents s'efforçaient de rester près de moi et qu'ils assumaient aussi bien leur rôle de parents, même si le contexte était différent. (...) Et le plus important dans tout cela est de sentir et de savoir que je suis toujours aimée de mes parents. Le reste n'est qu'une question de décor...[1] » C'est donc possible pour les enfants de voir autrement, mais encore faut-il que les parents se respectent l'un l'autre. Il est si facile de dénigrer celui ou celle que l'on ne veut plus comme partenaire. C'est la pire situation que l'on peut faire vivre à nos enfants puisqu'eux attribuent naturellement leur amour à leurs deux parents. Ne sont-ils pas conçus de l'union de leurs deux cellules?

Le docteur Gabor Maté[2] relève trois conditions pour assurer à l'enfant un développement cérébral complet :

- **la nutrition;**
- **un environnement physiquement sécuritaire;**
- **la relation continue avec un organisme maternel toujours présent et sûr.**

Pendant la gestation, le bébé est naturellement bien nourri par sa mère si cette dernière s'alimente bien. Il devrait en même temps avoir droit à un environnement physique sécuritaire. Ce qui est bien relatif dans notre société puisque le stress que vit la mère pendant la grossesse peut agir sur le bébé ainsi que le bruit, les polluants, les champs électromagnétiques (CEM), les violences physiques et verbales, etc.

Une recherche très intéressante sur le stress prénatal a d'ailleurs été effectuée par deux chercheurs de l'Université McGill, Suzanne

1. Marianne Roberge, Aux enfants du divorce : il faut en parler. *Le Soleil*, le dimanche 19 mai 2002, p. A 17.
2. Gabor Maté, *L'Esprit dispersé, Comprendre et traiter les troubles de concentration*, Éditions de l'Homme, 2001.

King et David P. Laplante. Elle a été publiée récemment dans la revue médicale *Pediatric Research*. On y apprend que « les femmes enceintes qui ont subi beaucoup de stress pendant la crise du verglas de janvier 1998 (au Québec) ont donné naissance à des enfants plus anxieux, plus dépressifs et plus agressifs que la moyenne. (...) Mme King a concentré ses recherches chez les femmes qui en étaient au 2e trimestre de leur grossesse. "C'est à cette période que le système nerveux et le cerveau de l'enfant se forment" explique la chercheuse. Mme King a constaté qu'à deux ans, ces enfants montraient des signes évidents de stress. Ils étaient aussi plus anxieux et ils présentaient un quotient intellectuel légèrement inférieur à la moyenne[1]. » Cette étude confirme encore une fois que les hormones de stress sécrétées par la mère pendant la grossesse se transmettent au fœtus en passant à travers le placenta.

Donc, pour un développement harmonieux de l'enfant, en plus d'une saine nutrition et d'un environnement sécuritaire pendant et après la grossesse, une saine relation continue avec la mère est aussi nécessaire. Cette relation est généralement continue pendant la grossesse puisque le bébé vit en symbiose avec sa mère, bien qu'il puisse survenir des situations où la mère refuse sa grossesse ou encore, pour toutes sortes de raisons, qu'elle vive psychologiquement une coupure entre elle et son bébé. Cette symbiose se poursuit normalement après la naissance jusqu'au moment de la différenciation du moi et du non-moi qui se développe progressivement[2]. L'anthropologue Ashley Montagu parle de phase d'*extérogestation* pour les neuf premiers mois de vie de l'enfant. Par la suite, c'est l'environnement familial qui deviendra le prolongement de l'utérus, apportant la sécurité nécessaire au bon développement de l'enfant. L'allaitement

1. Les bébés du verglas plus anxieux? Possible... *Journal Le Reflet*, samedi 25 septembre 2004, p. 8.
2. Vers l'âge de dix-huit mois, l'enfant reconnaîtra son visage dans un miroir : c'est l'apparition de la conscience de soi. Vers l'âge de trois ans, il entrera dans l'âge du complexe d'Œdipe, période ou l'enfant se rend compte que sa mère ne lui appartient pas et qu'elle forme un couple avec le père.

maternel contribuera aussi à maintenir ce lien d'unité avec la mère qui permettra, entre autres, de renforcir la sécurité émotive de l'enfant. Généralement, on croit que la bonne volonté des parents et leur amour sont suffisants pour assurer la sécurité émotionnelle et la chaleur dans l'environnement de l'enfant. C'est beaucoup plus que cela. Cette sécurité dépend aussi de l'équilibre émotionnel des parents, de l'influence du stress sur leur vécu. « Un milieu émotionnel calme et constant durant l'enfance est une condition essentielle pour que les circuits neurophysiologiques se forment et induisent de bons réglages. Lorsque le développement du cerveau est contrecarré, comme c'est souvent le cas dans notre société, il est affecté négativement. Les TDA (troubles déficitaires de l'attention) sont l'une des conséquences possibles de cela[1]. »

L'effritement de la famille élargie (on n'a plus le temps de côtoyer les oncles et les tantes, ni même les grands-parents), la dilution de la vie communautaire, les pressions multiples sur les relations de couple, l'insécurité financière, les pertes d'emplois et les performances au travail et à l'école font que le « parentage » attentif et calme est de plus en plus difficile. Le style de vie de type *nord-américain* révèle ses faiblesses de façon criarde aujourd'hui. Il est préjudiciable aux besoins du corps humain de manière évidente. Il suffit de constater les hauts taux de maladies cardiovasculaires, de diabète, d'obésité et la présence importante de TDA comparativement aux autres pays industrialisés. Plus cette culture se mondialise, plus elle étend ses ravages au niveau de la santé.

Notre société est frénétique et la plupart d'entre nous pensent que c'est inéluctable. Nous sommes emprisonnés dans la vitesse, dans le bruit et dans la recherche de résultats rapides. Nous optons pour des raccourcis, c'est le résultat qui compte. Le cinéma nous présente des scènes rapides hyperstimulantes combinées à des trames sonores assourdissantes. La télévision

1. Gabor Maté, *L'esprit dispersé, Comprendre et traiter les troubles de la concentration*, Les Éditions de L'Homme, 2001, p. 91.

nous bombarde de courtes informations sans jamais rien approfondir ou presque. Les musiques d'ambiance dans les boutiques destinées aux jeunes sont souvent fortes et agressantes. C'est l'ère du *fast food* (restauration rapide), nous n'avons plus le temps de cuisiner et les mets préparés gagnent en popularité de façon exponentielle. Nous voulons toujours plus d'autoroutes pour nous rendre rapidement d'un point à un autre, nous n'avons jamais assez d'une journée pour faire tout ce qu'il y a de noté à l'agenda et nous imposons ce cycle infernal à nos enfants! De plus, nous leur enlevons leur temps libre puisque la journée est longue (garderie jumelée par la suite à l'école). Nous désirons aussi que nos enfants réussissent dans la vie; donc, nous les inscrivons à des cours de toute sorte avec des horaires qui ne laissent plus place à l'improvisation. Le reste du temps, nous acceptons qu'ils restent assis devant la télévision ou devant un écran d'ordinateur en pensant que c'est forcément éducatif! Trop d'intervenants en santé croient encore mordicus que l'origine des problèmes d'hyperactivité et de troubles de l'attention n'est que génétique. Le rythme effréné de notre propre vie nous pousse à l'hyperactivité; si nous voulons suivre et avec tous les stimulus que nous subissons, il y a de quoi manquer d'attention! Nous avons perdu la valeur du silence. Nous avons peur du vide apparent autour de nous et, par tous les moyens, nous tentons inconsciemment de le combler. L'enfant qui est élevé dans une ambiance constamment bruyante aura de la difficulté à se sentir bien dans le calme. Ce sera une éducation à refaire pour lui et pour nous, comme parents.

Jean Epstein, chercheur français spécialisé dans la petite enfance et l'adolescence, nous révèle qu'en plus du rétrécissement du temps libre, les autres grands fléaux de l'éducation moderne sont l'incapacité des parents à gérer les frustrations des enfants-rois, étant trop fragiles eux-mêmes, ainsi que l'enfermement des enfants dans des mondes virtuels[1]. D'une part, nous avons des

1. Marie Caouette, Les garderies québécoises louangées. *Le Soleil*, le mardi le 2 novembre 2004.

enfants « récompenses » : enfants qui agissent adéquatement que sur un mode *petite surprise* et *petit cadeau* où le geste gratuit est en perte de vitesse! Et d'autres part, l'omniprésence des écrans (ordinateur et télévision) m'amène à jeter un regard incisif sur notre société télévisuelle.

Les écrans : télévision, jeu vidéo et ordinateur

« Le** zapping **n'est pas un trouble de la concentration, mais un signe de santé mentale, une forme de lutte contre la passivité et l'inertie. » Marcel Ruffo, pédopsychiatre

L'avancée de la technologie depuis cinquante ans a créé pour nos enfants un univers très différent de ce qui existait au milieu du 20e siècle. Il est essentiel de s'arrêter pour réfléchir et remettre à sa juste place une technologie qui est désormais envahissante.

La télévision est omniprésente. Il y a plus d'un poste de télévision dans la majorité des foyer et certaines familles possèdent autant de téléviseurs qu'il y a d'individus! Soixante pour cent des enfants américains ont un poste de télévision dans leur chambre à coucher! Des enfants de première année s'endorment régulièrement devant leur poste de télévision dans leur chambre à coucher la nuit venue! Ajoutez à cela l'ordinateur et les jeux vidéo, les appareils photo numériques, les agendas électroniques, il est clair que l'écran fait partie de notre quotidien et qu'il est là pour rester. Il est donc omniprésent dans l'univers de nos enfants et, il faut bien l'avouer, ils se débrouillent plutôt bien pour manipuler le tout!

Ces écrans peuvent-ils affecter nos enfants? À quels niveaux? Doit-on les bannir ou apprendre à nous en servir avec discernement? Voyons ce qu'en pensent certains experts :

« La télévision envahissante qui propose des images fabriquées peut gêner le développement de l'imaginaire chez l'enfant. » (Monique Brachet Lehur, psychologue)

« Les enfants de la télévision et demain ceux des réseaux multimédiatiques seront des esprits mutilés si leur culture se limite à celle de l'écran et en particulier s'il leur manque le recul de l'esprit. » (Monique Brachet Lehur, psychologue)

Daniel P. Reid, auteur du livre *The Tao of Health, Sex and Longevity,* cite une étude où des rats furent placés six heures par jour à côté d'un téléviseur couleur recouvert d'un épais papier noir, de sorte que seul le rayonnement invisible passe à travers. Les rats sont devenus hyperactifs et extrêmement agressifs, des symptômes qui subsistèrent pendant au moins sept jours. Reid présume que « les dommages au cerveau ne sont pas le fait du spectre visible, mais bien de la radiation invisible qu'il émet ».

De plus, dans les années 1992-1993, la presse française a relaté plusieurs cas d'épilepsie déclenchée à cause des jeux vidéo. Après enquête, la Commission de la sécurité des consommateurs a conclu que des personnes dites « photosensibles » sont susceptibles d'être prises de crises d'épilepsie à la vue de lumières clignotantes ou d'éléments géométriques contrastés. Ces personnes s'exposent à des attaques lorsqu'elles regardent certaines images télévisées ou lorsqu'elles jouent à des jeux vidéo.

Daniel Reid, cité antérieurement, suppose aussi que les lumières clignotantes du téléviseur irritent certains enfants et peuvent induire hyperactivité et insomnie. Soulignons dès maintenant que la télévision est souvent allumée toute la journée dans les foyers, que ce soit dans la cuisine ou le salon.

Récemment, une étude venant du Japon a démontré que les personnes qui jouent de deux à sept heures par jour aux jeux vidéo n'émettent pas d'ondes cérébrales bêta, lesquelles mesurent l'activité de la partie du lobe frontal servant à contrôler les émotions et à stimuler la créativité !

« Si le niveau des ondes bêta est très faible, les gens se mettent plus facilement en colère et ils ont des difficultés à se concentrer. » a expliqué M. Akio Mori, professeur de neurologie spécialiste des nerfs crâniens à l'université Nihon de Tokyo[1].

« Nous sommes très inquiets de l'impact des jeux vidéo sur le cerveau des enfants. Nous sommes aussi très inquiets d'un impact éventuel des jeux vidéo sur le système nerveux autonome qui contrôle des fonctions comme la respiration. » a indiqué ce spécialiste.

Un des sujets de l'étude, qui avait une activité cérébrale bêta particulièrement réduite, a vu son niveau d'ondes bêta revenir à la normale après avoir été privé pendant trois mois de jeux vidéo! On peut tout de suite supposer qu'il y aura des sujets plus sensibles que d'autres et qu'à moins d'heures d'utilisation, les effets seront les mêmes.

Ce que bien des parents avaient remarqué dans leur foyer commence à être vérifié. Personnellement, je me souviens d'un jeu vidéo bien anodin, sur ordinateur, qui avait semé la zizanie dans la maison. Le jeu était fort simple, c'était un poisson qui devait attraper des bulles. En fait, le jeu se nommait *Bubble Trouble*! Et j'ai compris pourquoi! Tous mes enfants devenaient agressifs et impatients en jouant à ce jeu. Après essais et erreurs (je l'effaçais, les enfants le remettaient...), nous avons constaté l'influence de ce jeu et il a été supprimé définitivement de l'ordinateur.

Par la suite, j'ai compris que mes observations étaient bien fondées. « Les jeux vidéo violents augmentent l'agressivité. Jouer à des jeux vidéo violents peut augmenter les pensées, les émotions et les comportements agressifs d'une personne, et ce, en laboratoire et dans la vraie vie, selon deux nouvelles études. Ils peuvent être plus dommageables que la télévision et les films violents, possiblement à cause de leur nature interactive qui requiert que le joueur s'identifie à l'agresseur[2]. » En plus, les jeux vidéo sont souvent associés à une musique métallique stressante à entendre

1. TOKYO (AFP), Les jeux vidéo rendent irritable. *Le Soleil*, le dimanche 18 août 2002.
2. Violent Video Games Can Increase Aggression. *American Psychological Association press release*, 23 avril, 2000.

pour celui qui ne joue pas! Ce n'est pas surprenant puisque qu'il a été démontré que ce type de musique entraîne une réaction physiologique mesurable sur l'organisme, soit l'augmentation du taux de cortisol, hormone liée au stress[1].

La violence véhiculée dans les jeux vidéo et à la télévision a été jusqu'à ce jour très banalisée. On disait qu'il était impossible de faire un véritable rapprochement entre la violence télévisuelle et celle qui est engendrée dans la vie quotidienne. Eh bien! c'est chose faite. Une multitude d'études effectuées depuis les cinquante dernières années démontrent les effets sur les enfants de l'exposition à la violence télévisuelle et cinématographique. Une recherche publiée dans la revue *Developmental Psychology*, « conclut que les hommes qui ont été témoins de violence à la télévision en tant qu'enfants ont tendance à se montrer plus agressifs plus tard envers leur conjointe. Ils sont aussi plus susceptibles de répondre à une insulte par la violence, d'être reconnus coupables d'un crime ou de se montrer plus agressifs dans un véhicule automobile. » L'étude a révélé que ces hommes commettaient trois fois plus de crimes que les autres hommes du même âge. Les femmes ne sont pas exemptées de ces influences puisque lorsqu'elles ont été exposées à des émissions de télévision violentes pendant l'enfance, elles deviennent plus agressives lorsqu'elles sont contrariées[2].

De plus, une autre équipe de chercheurs américains « affirme que l'écoute de scènes de violence sur petit ou grand écran active la zone du cerveau responsable des *flashs back* qui resurgissent à la conscience des personnes ayant vécu une expérience particulièrement traumatisante. En ramenant spontanément à l'avant-plan les actes de violence vus à la télé, cette aire cérébrale favoriserait le recours à des comportements indésirables lorsque l'enfant se retrouve en situation de conflit. » Les enfants deviendraient

1. Yvan Labelle, *Les enfants drogués...légalement*, Éditions Souffle de vie, 2004.

2. TORONTO (PC), Les enfants exposés à la violence à la télé deviennent des adultes agressifs. *Le Soleil*, le 10 mars 2003, p. A-5.

de plus en plus insensibles à la violence et plus capables de la tolérer. Ils pensent que le monde qui les entoure fonctionne sur le même modèle. Par contre, d'autres individus seraient portés à croire que le monde extérieur est aussi dangereux que ce qui est véhiculé dans leurs émissions télévisées[1].

Nous savons tous qu'il y a de la violence à la télévision et au cinéma, mais jusqu'à quel point? Nous l'ignorons. Une étude très parlante a été rendue publique par deux professeurs au département d'information et de communication de l'Université Laval (Québec)[2]. Messieurs Guy Paquette et Jacques de Guise ont analysé les émissions de fiction d'une semaine du mois de mars des années 1993 à 1995 et de 1998 à 2001 sur les six principaux réseaux canadiens. Voici leurs observations : « Depuis 1993, la violence physique est en hausse, et les émissions n'ont jamais été aussi violentes qu'en 2001. De 1993 à 2001, le nombre des actes de violence est passé de 772 à 3 689 par semaine, une augmentation de 378 %. Trente-neuf pour cent de ces actes sont présentés avant 20 h, et 88 % avant 21 h. (...) Plus nombreux, les réseaux privés (quatre des six réseaux analysés) diffusent plus d'actes de violence que les réseaux publics. Leurs émissions véhiculent trois fois plus de violence à l'heure que celles des réseaux publics. De 1993 à 2001, la violence physique s'est multipliée par cinq dans les réseaux privés, alors qu'elle est restée identique dans les réseaux publics. » De plus, ils ajoutent que 83 % des actes de violence diffusés dans nos réseaux canadiens proviennent en fait d'émissions d'origine américaine[3]. La faible production d'émissions violentes par les Québécois reflèterait tout simplement un plus petit budget. Nous produisons davantage de violence psychologique et ces derniers actes sont aussi en forte

1. Montréal (PC), La violence à la télé ravive les traumatismes. *Le Soleil*, le lundi 5 août 2002.
2. Guy Paquette et Jacques de Guise, La violence à la télévision s'accroît. *Le Soleil*, le lundi 5 mai 2003, p. A-15.
3. Visionner le documentaire percutant de Michael Moore : *Bowling for Colombine*.

hausse. De 1999 à 2001, les actes de violence psychologique, au petit écran, ont passé de 1 063 à 3 947.

Afin de nous donner un ordre de référence, dans son superbe livre *La télé cannibale*[1], Michel Lemieux nous révèle « qu'à l'âge de seize ans, les enfants auront visionné en moyenne 200 000 actes de violence télévisés dont 33 000 meurtres! D'après une recherche, quand un enfant quitte le niveau primaire, il a vu près de 8 000 meurtres et plus de 100 000 actes de violence. » Le nombre d'élèves du primaire aux prises avec des troubles graves du comportement a augmenté de 300 % entre 1985 et 2000[2]. L'industrie de la télévision (entendons ceux qui en vivent) persiste bien sûr à nier l'influence nocive de la télé sur les téléspectateurs et pourtant, elle reconnait l'impact de trente secondes d'un message publicitaire sur ces mêmes téléspectateurs!

Une étude britannique, rédigée par deux psychologues de l'université de Birmingham, Kevin Browne et Catherine Hamilton-Giachritsis, conclut que « la violence à la télévision ou dans les jeux vidéo accroît le risque de comportement agressif ou, au contraire, craintif chez les jeunes enfants, au point qu'on peut parler de *maltraitance émotionnelle* à leur égard[3]. » Selon ces psychologues, l'accessibilité à des scènes de violence par les films vidéo, par la télévision par satellite ou câblée, est inappropriée à leur âge, à leur stade de développement ainsi que pour leur santé mentale. Comme parents ou éducateurs, nous sommes très prudents à l'égard de l'exposition aux produits toxiques ou dangereux et de médicaments pour nos enfants et nous devrions appliquer, selon eux, la même prudence envers les émissions télévisées pour adultes.

Pour enrayer ce problème, on pourrait croire qu'il nous suffit de bien sélectionner les émissions et qu'il n'y aura plus d'impact négatif de la télévision sur nos enfants. Eh bien non! encore

1. Michel Lemieux, *La télé cannibale*, Éditions Écosociété, 2004.
2. Source : Édupax, http://www.edupax.org/index.html.
3. PARIS (AFP), La violence qui traumatise les enfants. *Journal de Montréal*, le 18 février 2005, p. 39.

une fois. Une autre étude américaine confirme la justesse des recommandations de l'American Academy of Pediatrics qui affirme que les enfants de moins de deux ans ne devraient jamais regarder la télévision !

« Les très jeunes enfants qui regardent la télévision augmentent leur risque de développer des problèmes de concentration et d'attention une fois qu'ils atteignent l'âge d'aller à l'école, selon une étude qui souligne que la télévision peut surstimuler le cerveau et lui causer des dommages permanents lors de son développement. Pour chaque heure de télévision regardée au quotidien, les enfants présentaient une augmentation de 10 % du risque de développer un trouble déficitaire de l'attention à l'âge de sept ans[1]. » Sur un échantillonnage de 1 345 enfants, 36 % des bébés de un an ne regardaient pas du tout la télé, 37 % la regardaient entre une et deux heures par jour (hausse de 10 à 20 % du risque de troubles de concentration), 14 % des bébés regardaient trois à quatre heures de télévision par jour (augmentation de 30 à 40 % du risque de troubles de concentration) et 13 % des enfants regardaient au moins cinq heures de télévision par jour (avec le risque d'augmentation des troubles de concentration de 50 %) !

Cette étude peut paraître aberrante pour beaucoup d'entre nous, mais en réalité, combien de foyers vivent avec un poste de télévision ouvert toute la journée, que ce soit dans la cuisine, sur le comptoir ou dans le salon adjacent ? Il suffit que le berceau de l'enfant ou sa petite chaise d'appoint soit en angle avec le téléviseur pour qu'il y soit exposé. En fait, le bébé est un téléspectateur passif, comme nous tous d'ailleurs ! Personne n'est à l'abri de ce geste machinal et si inoffensif en apparence. Dernièrement, mon fils a visité des amis et il a remarqué immédiatement le jeune bébé qui était assis devant la télé. Il a changé la position du siège d'appoint tout en discutant avec la mère. Cette amie lui a confié que son petit garçon aimait beaucoup la télévision,

1. Lindsey Tanner (AP), La télévision pourrait causer des problèmes d'attention aux jeunes enfants. *Le Soleil*, le lundi 5 avril 2004, p. A-10.

car il la fixait et il restait bien tranquille lorsqu'il la voyait! En fait, son cerveau était plutôt assailli par le son, par les couleurs et le mouvement des images sans possibilité d'interprétation et de compréhension. Cette jeune maman ignorait, bien sûr, les effets pervers de cet écran. Elle les a vite compris!

Nous nous plaignons de manquer de temps alors que la télévision nous occupe en moyenne entre vingt et trente heures par semaine. Les femmes regardent un peu plus la télé que les hommes (environ 8 % plus de temps), les personnes âgées sont en tête de file avec une moyenne de 46 heures 41 minutes pour les plus de soixante-cinq ans. Les 18-24 ans visionneraient la télé environ seize à dix-sept heures par semaine. Plus les gens sont scolarisés, moins ils regardent la télévision et plus ils choisissent leurs émissions. Les personnes ayant une scolarité de niveau primaire la regardent 90 % plus longtemps que celles qui possèdent une scolarité de niveau universitaire. Cela signifie que nous passons en moyenne dix ans complets de notre existence assis passivement devant notre poste de télévision[1]! Pas étonnant que nous soyons de plus en plus obèses ainsi que dans une forme physique lamentable. La télévision cultive aussi l'art de la paresse à son paroxysme, cachée sous l'illusion d'une occupation intellectuelle. La télévision nous isole du reste du monde bien que nous en soyons spectateurs, car elle inhibe l'action.

La télévision nous gruge donc des heures et des heures de notre précieux temps qui pourraient être utilisées autrement. Pensez à tout ce que vous ne faites pas par manque de temps : activités sportives, lectures, activités de création, cuisine, activités familiales, visites amicales, détente, bénévolat, implication sociale et environnementale, etc. Bref, nous pouvons récupérer ce temps si précieux pour vivre, tout simplement. La télévision et le cinéma nous procurent l'illusion de vivre à travers des univers complètement fictifs et virtuels. En fait, ce sont des voleurs de vie… qui nous enlèvent le goût et le temps pour transformer le monde et offrir le meilleur de nous-même. Lorsque les enfants

1. Michel Lemieux, *La télé cannibale*. Éditions Écosociété, 2004, p. 27.

se débranchent de la télévision et des jeux vidéo, ils parlent davantage et ils deviennent plus responsables. M. Jacques Brodeur est consultant auprès d'Édupax[1], un organisme qui fait la promotion de la paix et de la prévention de la violence. En fait, il est l'initiateur de ce programme d'éducation. M. Brodeur organise régulièrement le « Défi de la dizaine ». Il propose aux enfants de différentes écoles de vivre dix jours sans télé ni jeu vidéo. Les enfants réalisent tous qu'ils récupèrent du temps! L'expérience s'inspire d'une étude faite en Californie par le docteur Tom Robinson de l'université de Stanford. Ce chercheur a constaté une réduction de 40 % de la violence physique et de 50 % de la violence verbale chez les enfants lorsque le poste de télé est fermé de même qu'une réduction significative de l'obésité.

Alors, nous pourrions nous rabattre sur l'ordinateur? Peut-être est-ce préférable pour nos enfants? C'est aussi un outil à deux tranchants auquel il faut réfléchir. Comme il utilise aussi un écran, il est bon de s'arrêter pour mieux définir ce terme. « L'écran est un terme ambigu. D'une part, c'est une fenêtre qui affiche une masse d'informations, des textes, des images fixes ou animées. D'autre part, c'est aussi, au sens littéral du terme, un objet qui masque et empêche de voir[2]. »

L'ordinateur est un écran **du savoir** parce qu'il nous permet d'avoir accès à une masse gigantesque d'informations. Mais c'est aussi un écran **au savoir** parce qu'il dissimule le monde réel. C'est le règne absolu du virtuel. En tant que parents, il faut être conscients de ce double rôle de l'écran et l'utiliser avec discernement. Dans le monde de l'Internet, l'enfant ou l'adulte peuvent facilement s'y perdre et perdre un temps précieux. Chaque jour, 2 000 nouveaux sites apparaissent! De plus, nous sommes maintenant à l'ère des blogues ou encore du (weblog) qui sont en fait des journaux intimes révélés à tous sur Internet!

1. http://www.edupax.org/index.html
2. Rolande Kodsi, *Apprendre avec l'écran. Qu'est-ce que cela change pour nos enfants?* Éditions Milan, 1999, p. 18.

Leur nombre augmente à un rythme effarant. Et en même temps, Internet peut donner accès à une sexualité complètement débridée et perverse. D'ailleurs, les démantèlements de réseaux de pornographie infantile ou adulte sont légion de nos jours.

Devant son écran, l'enfant est seul. La manipulation de la souris ne se partage pas. La machine n'est qu'une machine, elle ne remplacera jamais les vraies rencontres, les vrais échanges de personne à personne. Elle ne nous permettra jamais de parfaire l'art de la communication. Certaines compagnies utilisent le terme convivial pour définir la qualité de leurs jeux. Ce terme a alors un tout autre sens que celui que nous lui connaissons[1]. Il signifie seulement que le jeu ou le programme est accessible à un public non spécialisé; il n'est pas synonyme de communication véritable entre deux personnes. Avec l'informatique, on confond aussi la mémorisation de données avec l'apprentissage. Ce qui fait la qualité d'un apprentissage, c'est aussi le temps que l'on met à la réflexion, c'est de définir ce que l'on comprend et ce que l'on n'a pas compris. Avec toutes ces images dont nous sommes bombardés à la vitesse de l'éclair, nous avons coupé, malgré nous, dans le temps de cogitation qui est nécessaire au discernement et à l'approfondissement de nos valeurs de vie. Ce n'est donc pas l'accumulation sans fin d'informations qui importe, mais bien ce que l'on fait avec ce savoir. Ce sont les liens et la compréhension qu'on en retire qui auront un impact sur notre vie et celle de la société. L'enfant seul devant ces machines ne peut amorcer lui-même ces réflexions. Il aura besoin de l'expérience et du savoir de ses parents pour discerner le vrai du faux, le futile de l'important, et cela prend du temps.

Finalement, nous avons des outils extraordinaires entre nos mains si nous savons bien les utiliser et surtout les remettre à leur juste place. Dans un cas comme dans l'autre, télé ou ordinateur, les enfants ont besoin de leurs parents pour être encadrés et

1. Convivialité : rapports positifs entre personnes au sein de la société ou encore relation des convives qui ont plaisir à manger ensemble.

supervisés dans l'utilisation de ces deux médiums de communication, sinon ils seront sources de déséquilibre.

Le milieu scolaire

Tous les parents savent bien que le milieu scolaire où évoluent leurs enfants influence grandement leur vie. Le seul problème, c'est que trop souvent nous ne nous en rendons compte qu'après avoir réalisé que notre enfant a vécu des expériences traumatisantes pour lui-même. Nos enfants passent beaucoup d'heures à l'école, c'est donc important que ce milieu soit sain pour eux. Il n'y a pas deux enfants identiques dans une même famille. Leurs besoins diffèrent aussi. Il est donc possible qu'un milieu soit bon pour votre fille et qu'il soit inadéquat pour votre garçon. N'hésitez pas à parler aux professeurs, aux éducateurs, au personnel de l'école, lorsque vous percevez des difficultés chez votre enfant en regard de sa fréquentation de l'école. L'enfant doit sentir que vous avez un lien étroit avec son professeur, avec son milieu de vie. Il a besoin d'encadrement et de sécurité. Il est important d'éviter de critiquer le professeur devant votre enfant. Cet enseignant est là pour ses compétences et son intérêt à favoriser les apprentissages chez votre enfant. Il peut arriver qu'il y ait des professeurs incompétents, comme dans n'importe quel autre métier, mais ces derniers ne sont pas le reflet du milieu scolaire en général. C'est très important d'être présents aux rencontres individuelles demandées par l'enseignant; c'est la meilleure manière de développer un partenariat. S'offrir comme bénévole aux activités de l'école permet aussi de mieux connaître le professeur de votre enfant. Tous les enfants sont fiers et heureux d'être accompagnés par un de leurs parents lors d'une sortie scolaire. Nous négligeons trop souvent cet aspect sous prétexte que nous sommes trop occupés ou qu'il est impossible de prendre une journée de congé au travail. Nous investissons beaucoup d'argent dans l'achat d'une voiture ou d'une maison qui seront à renouveler ou à changer tôt ou tard. Pensons à investir dans l'avenir de nos enfants en choisissant des milieux sains pour leurs études; des écoles où l'activité physique est favorisée ainsi que le plein air, la musique, les arts, etc.; des milieux où l'enfant est considéré dans toutes ses dimensions et non seulement dans l'aspect intellectuel de sa personne. L'école est un tremplin qui se doit de véhiculer des valeurs conformes à celles que vous transmettez déjà à vos enfants. L'implication des parents dans le milieu scolaire permettra d'avoir un meilleur suivi des valeurs qui y sont véhiculées. La plupart des écoles offrent aussi des soirées d'information sur différents thèmes qui touchent l'éducation des enfants. En y participant, c'est une belle façon d'élargir notre compréhension de certaines problématiques ou encore de développer de nouvelles attitudes qui nous soutiendrons dans notre rôle de parents.

Nous vivons dans une société qui survalorise la performance. Le succès ne se limite pas à de bonnes notes académiques, mais aussi à un équilibre émotionnel qui nous permettra de faire face à l'adversité. Un enfant qui aura développé le goût de la musique, des arts ou encore du sport, retrouvera un exutoire important pour son équilibre dans les périodes stressantes de sa vie. L'enfant doit développer son potentiel. C'est le bon moment pour élargir son horizon. Il sera toujours temps de mettre le *focus* sur une passion particulière. Par contre, comme parents, il nous faudra être très vigilants afin d'éviter de les surcharger avec des cours de toute sorte. À l'école primaire, la réussite académique de l'enfant lui permet de se construire une bonne estime de soi, qui sera le fondement de son développement ultérieur. Si l'apprentissage est ardu, il sera préférable d'éviter de surcharger l'enfant avec des activités en semaine afin de favoriser le repos, la lecture et le temps libre, car ses études lui demanderont plus d'efforts. Une activité la fin de semaine lui suffira pour développer d'autres talents (natation, scoutisme, musique, etc.). L'enfant doit apprendre très tôt que l'effort est nécessaire pour réussir quoi que ce soit. C'est la capacité de dépassement de soi qui fait la différence entre un être exceptionnel et une autre personne plutôt moyenne. En aidant votre enfant dans la voie de la persévérance et de l'effort, vous l'outillez pour qu'il construise son bonheur futur. Rappelons-nous que la réussite ne passe pas nécessairement par le chemin que nous avons fréquenté ni par des études universitaires. Nous avons aussi besoin d'hommes et de femmes de métiers. L'essentiel, c'est que nos enfants s'épanouissent et qu'ils soient heureux dans leurs études et leur futur travail.

Le stress

En tant qu'adultes, nous pouvons penser que l'enfant ne vit pas ou très peu de stress. Rien n'est plus loin de la triste vérité. Définissons tout d'abord le stress. Le stress est une réaction psychologique et physiologique de l'organisme provoquée par des agents agresseurs variés qui demandent une adaptation. Le stress n'est donc pas l'agression, mais la *réponse de l'organisme* à un élément stresseur. On comprend donc rapidement que ce qui est une cause de stress pour une personne ne l'est pas forcément pour l'autre puisque le stress est une réponse individualisée selon notre tolérance et selon nos expériences.

Le stress est un état d'alerte qui implique une réponse immédiate de l'organisme par des sécrétions hormonales bien spécifiques. Ces réactions glandulaires sont très complexes et toutes interreliées. C'est l'endocrinologue canadien d'origine autrichienne, Hans Selye, qui découvrit le mécanisme de ces réactions glandulaires par rapport au stress qu'il nomma le **syndrome général d'adaptation (SGA)**. Il faisait la distinction entre les bons stress (eustress) et les mauvais stress (distress). « Ce syndrome représente les actions physiologiques du système nerveux, des glandes endocrines ainsi que certains organes, afin que l'organisme puisse s'adapter à l'environnement et aux réactions constantes de l'organisme. C'est l'agression et la riposte à l'agression. Quelle que soit la force ou la violence de l'agent stressant, il y a un état de choc qui commande la libération d'adrénaline (stress aigu) et ensuite de glucocorticoïdes (stress chronique)[1]. » En phase aiguë, ce sont donc l'adrénaline et la noradrénaline sécrétées par la médullosurrénale qui entrent en jeu. Notre tension artérielle s'élève, notre pulsation cardiaque s'accélère, le sang est acheminé vers les muscles, il y a une bonne montée d'adrénaline, nous sommes prêts à fuir ou à combattre. Certaines personnes pourraient aussi avoir une chute de tension et être clouées sur place. Lorsque le stress se prolonge, ce sont les corticosurrénales qui entrent en action par la sécrétion de cortisol et de cortisone. Le système de rétroaction permettra au cerveau de cesser ou de continuer de stimuler ces différentes glandes. Lorsque le stress se prolonge indûment, on atteint la phase de résistance et l'organisme se mobilise pour faire face à la situation. L'ensemble des systèmes de l'organisme fonctionnera au ralenti. Les malaises physiques et psychologiques apparaissent. On digère moins bien, la libido diminue, la glycémie fluctue. Nous avons normalement la vitalité pour revenir à un état normal.

Les réactions au stress sont donc normales et très utiles. Lorsque nous vivons du bon stress, cette dose supplémentaire d'adrénaline nous donnera de l'énergie, de l'excitation, de la motivation. Plusieurs personnes recherchent d'ailleurs cette sensation d'excitation reliée au stress, par exemple, dans la compétition sportive ou autre. Tant que l'organisme est capable d'enclencher les réactions de détente nécessaires à la récupération après l'exposition au stress, l'individu demeurera en santé. Si cette phase de récupération est impossible à retrouver parce que les agents stressants se répètent continuellement, la phase d'épuisement arrive. L'adaptation devient très difficile et elle finit par disparaître, c'est le *burnout*, la dépression ou la maladie qui s'installe.

Voici les symptômes généraux du stress :

Physique : tensions musculaires, troubles digestifs (nausées, maux de ventre, brûlements d'estomac, etc.), troubles de

1. Yvan Labelle, *Les enfants drogués... légalement*. Éditions Souffle de vie, 2004, p. 37.

l'appétit, problèmes de sommeil, souffle court, fatigue, maux de tête.

Émotionnel : anxiété, irritabilité, agitation, inquiétude, timidité, difficulté à se concentrer, manque de joie, tristesse, faible estime de soi.

Comportemental : relations difficiles, tendance à s'isoler, abus de télévision, désorganisation, négativisme, consommation accrue de stimulants comme le tabac, la caféine, le sucre, le chocolat, l'alcool et les drogues.

En fait, les éléments qui nous causent du stress ne sont pas le manque de temps puisque que ce dernier est plutôt une conséquence des autres éléments. Ce sont ces trois critères[1] qui contribuent à créer du stress :

La nouveauté
L'imprévisibilité
L'absence de contrôle sur la situation

L'adulte peut avoir un certain contrôle sur son environnement, contrairement à l'enfant. Ce dernier est dépendant de nature de son milieu de vie. Il peut difficilement fuir ou agir. Les sources de stress sont donc très importantes pour lui. Les premières sources de stress se vivront durant la grossesse à travers celui de la mère. Ensuite viendra le stress de l'accouchement. Si les besoins fondamentaux de chaleur, de nourriture, de toucher, de sécurité ne sont pas comblés chez le bébé, ces facteurs seront aussi une grande source de stress. Par la suite, la vie quotidienne le confrontera possiblement à quelques-uns des éléments suivants :

- stress des parents
- chicane à la maison
- mésentente avec les frères et sœurs
- séparation, divorce

1. Sonia J. Lupien, Le stress chez les enfants : mythe ou réalité? Les parents peuvent contribuer à le diminuer. *Le Soleil,* le samedi 21 juin 2003, p. D 5.

– famille reconstituée
– demande de performance
– entrée à la garderie
– changement d'éducateur et de garderie
– décès d'une personne significative
– perte d'un animal familier
– déménagement
– entrée à l'école, passage au secondaire, au collégial
– tension avec le professeur
– évaluation et examen scolaire
– conflit avec les amis
– taxage et intimidation à l'école
– maladie, attente dans les cliniques médicales
– hospitalisation
– manque d'amour, d'affection et de tendresse
– isolement
– violence physique et verbale
– jeu vidéo, télévision et ordinateur en excès
– musique des jeux vidéo
– alimentation carencée et *fast food*
– excès de sucre
– absence du déjeuner, saut des repas
– horaire surchargé
– manque de sommeil
– etc.

Un stress chronique et soutenu chez l'enfant provoquera un déséquilibre des glandes et amènera la sécrétion continuelle de la principale hormone de stress, le cortisol, avec conséquence de pousser l'enfant dans l'inhibition de l'action et dans la maladie. Il perd ainsi le goût de faire ou d'accomplir des choses. Il perd le goût d'étudier, le goût de parler, le goût de bouger, de faire du sport, de jouer avec ses amis. Et le voilà collé avec une étiquette de paresseux sans qu'on se rende compte des facteurs qui l'ont poussé dans cette situation. L'hypoglycémie fonctionnelle est aussi l'un des plus grands agents stressants pour l'organisme, et cela, même chez l'enfant. La barrière hémato-encéphalique protège le cerveau des excès de sucre, mais qu'advient-il lorsque le taux descend trop bas? Lors d'une baisse de glucose sanguin, la personne subit une véritable souffrance cérébrale puisque le glucose est le seul combustible, avec l'oxygène comme carburant, qui assure le fonctionnement des neurones. Il n'est alors pas étonnant de manquer de concentration, d'avoir une humeur maussade et même agressive ou encore d'être confus.

De plus, Mme Sonia J. Lupien, directrice du Centre d'études sur le stress humain à l'Hôpital Douglas de Montréal, révélait en avril 2005[1] que « peu importe l'âge, un trop grand stress a un effet sur la mémoire, ce qui nuit à la capacité d'apprentissage et d'adaptation. » Les chercheurs ont, par ailleurs, démontré que les jeunes enfants, de six à dix ans, qui vivent dans des milieux défavorisés avaient des taux de cortisol, donc de stress, plus hauts que les enfants élevés dans des milieux plus fortunés. Ils ont aussi établi que les enfants dont les mères souffraient de symptômes de dépression avaient un taux de cortisol, donc de stress, élevé. Ce que nous savions déjà par l'observation et le gros bon sens se traduit en études scientifiques...

En terminant cette partie, il est bon de se rappeler que la société est le reflet des individus qui la composent. Nous avons donc le pouvoir d'apporter des changements et le devoir d'y contribuer. Aussi petits soient-ils, les changements que nous ferons dans notre mode de vie contribueront à améliorer notre bien-être et celui de nos enfants. Tôt ou tard, ces nouvelles orientations influenceront les politiques sociales et économiques si nous choisissons de nous responsabiliser dès maintenant par nos choix de vie.

1. Martin LaSalle, Le stress chronique affecte le cerveau. *Réseau Protéus*, le 22 juin 2005.

Deuxième partie

La prévention et la correction du déséquilibre

Dans la première partie du volume, nous avons cerné plusieurs éléments qui fragilisent le système nerveux de nos enfants. Afin de cibler et de faciliter les changements à apporter pour corriger les sources potentielles de déséquilibre, j'ai divisé le développement de l'enfant en étapes chronologiques. Vous pourrez ainsi vous situer au niveau de la prévention ou encore au niveau des correctifs à apporter selon l'âge ou le vécu de votre enfant.

Ce sont, bien sûr, des orientations générales qui n'excluent pas le recours à un personnel spécialisé, bien au contraire. Ces conseils complèteront votre approche, qu'elle soit conventionnelle ou alternative, le but étant de maximiser le support que vous offrez à votre enfant et d'agir dans une vision de globalité.

Chapitre 1

Se préparer à la grossesse

L'équilibre nerveux et émotionnel de votre enfant a ses racines bien avant sa conception. La règle est bien simple : on ne peut pas offrir ce que l'on a pas! L'équilibre physique, nerveux et émotionnel de la future maman a toute son importance puisque le fœtus se construira à partir des matériaux que la mère lui offrira.

Afin de préserver la santé du système nerveux du futur bébé, les femmes qui désirent enfanter devraient porter une attention particulière à leur propre système nerveux. La qualité de l'alimentation devrait être revue en priorité. Augmentez les fruits frais et les légumes, de culture biologique de préférence, pour leur richesse en vitamines, minéraux, oligoéléments et antioxydants. Introduisez les céréales complètes non raffinées qui apporteront les précieuses vitamines du complexe B nécessaires à l'équilibre de la glycémie et du système nerveux. Évitez tous les gras trans et consommez des bons gras à travers les huiles de première pression, les noix et les graines ainsi que les poissons sauvages. Diminuez la consommation de café, de thé noir, de boissons gazeuses ainsi que celle des sucres raffinés concentrés. Buvez une belle qualité d'eau non chlorée sans sulfate d'aluminium à raison de 1 litre et demi par jour. Faites évaluer, si besoin est, votre état nutritionnel par une analyse minérale de vos cheveux. Le calcium, le magnésium, le fer, l'iode et le zinc sont d'autres minéraux essentiels à l'équilibre du système nerveux de la future maman.

Le contact avec la nature et l'activité physique sont aussi des éléments harmonisants pour votre vie, ils sont à privilégier. Ces habitudes vous apporteront calme et détente ainsi qu'une meilleure vitalité. Continuez vos activités sportives tout en insistant sur l'aspect cardiovasculaire. Une bonne oxygénation permet de réduire la tension nerveuse et l'acidité dans l'organisme. Apprenez une technique de relaxation, de yoga, de tai-chi ou de méditation; celle-ci vous aidera à vous recentrer et à vous détendre. Pendant la grossesse, la vie continue et ces techniques maîtrisées pourront vous permettre de maintenir votre équilibre malgré les aléas de votre vie.

C'est aussi le bon moment pour enlever progressivement vos amalgames dentaires à base de mercure, si vous en avez, sinon ils seront une source de métaux lourds pour votre bébé avec toutes les conséquences que nous avons énumérées précédemment. Il est important de consulter un dentiste compétent en la matière et de les enlever par étape si vous en avez plusieurs. Le dentiste peut vous conseiller certains suppléments ou formules spécialisées vous permettant d'éliminer le surplus de métaux lourds (Miracle Bion[1], vitamine C, chlorella, coriandre, charbon activé, etc.) ou vous diriger vers un naturopathe qualifié.

Évaluez votre milieu de vie et apportez les changements nécessaires afin que ce dernier soit harmonieux pour vous, tant par les gens que vous côtoyez que par l'emploi qui vous occupe chaque jour. Interrogez-vous sur le temps disponible que vous aurez pour l'enfant à venir; il n'y aura encore que vingt-quatre heures dans une journée! Votre horaire est-il déjà surchargé? Allez-vous retourner au travail à temps plein rapidement après la naissance de votre bébé? Allez-vous opter pour un travail à temps partiel? Ou encore cesser de travailler en dehors de la

1. http://www.nanoimpact.ca

maison pour quelques années? Avez-vous la même vision que votre conjoint sur cette orientation ou est-ce déjà une source de tension? Le père de votre enfant sera-t-il disponible pour vous supporter ou bien travaillera-t-il soixante heures par semaine, à l'extérieur par surcroît?

Nous vivons régulièrement dans l'illusion que demain sera mieux. Il en sera ainsi seulement si nous modifions nos choix de vie dès maintenant afin que la direction change, sinon rien ne sera différent, car la route sera la même. Tout changement se prépare d'abord en pensée; ensuite, c'est l'échange avec les personnes concernées et vient le processus de mise en action. De grands revirements ne se font pas du jour au lendemain, mais on peut les visualiser et les planifier à moyen terme. Le but est de choisir consciemment un style de vie qui vous convient et qui vous permet de vous épanouir sans brûler la chandelle par les deux bouts.

Au Québec, nous avons la chance d'avoir un excellent système de garderie des plus abordables. Il n'en demeure pas moins que les avis diffèrent sur l'impact des garderies sur les jeunes enfants. Il est incontestable que les enfants qui fréquentent les garderies sont exposés à beaucoup plus d'agents infectieux, d'où l'utilisation d'un plus grand nombre d'antibiotiques avec les conséquences que l'on connaît sur l'équilibre immunitaire. Le bébé (0-2 ans) a davantage besoin de sa mère (ou de son père) que de socialiser avec un groupe d'enfants. Il construit sa sécurité et ses repères. L'univers de la maison est suffisamment vaste pour combler tous les apprentissages qu'il a à intégrer dans ses premiers mois de vie. À travers vos propres contacts sociaux (familles, amis, vie de quartier), il rencontrera d'autres adultes et enfants qui lui permettront d'agrandir son univers.

Mon expérience de mère de quatre enfants et de thérapeute qui rencontre des parents et de jeunes familles me confirme que l'idéal, c'est que la mère (ou le père) demeure à la maison pendant les deux ou trois premières années de vie de l'enfant. C'est un minimum. Que de stress et de fatigue évités pour les parents et pour l'enfant! Il est bon de souligner qu'il est normal que le bébé vive ses petites maladies de l'enfance[1] afin de construire son immunité (roséole, varicelle, rhume, etc.) et aussi qu'un enfant malade a besoin du milieu familial pour récupérer. Il a besoin de l'attention et des soins de sa mère (ou de son père) pour se guérir rapidement. Que dire des mères qui sont tiraillées dans leur cœur parce qu'elles ne peuvent être présentes à leurs enfants malades? Ou encore de toutes celles qui se rendent compte qu'elles ne voient pas grandir leurs enfants et qu'elles ont peu d'influence sur leurs apprentissages. Le but ici n'est pas de juger qui que ce soit dans ses choix de vie et dans ses obligations. Je désire plutôt contrebalancer la pensée populaire véhiculée par notre société de consommation qui croit que c'est normal et parfait que les enfants soient en garderie à temps plein dès l'âge de six mois sans qu'il n'y ait aucune conséquence sur leur développement global. Lorsque nous attendons notre premier bébé, nous n'avons pas toujours idée de l'attachement que nous allons développer envers ce petit être... Il est donc sage de profiter des congés parentaux qui sont maintenant offerts dans nos sociétés. Par la suite, un service de garde en milieu familial, sous la responsabilité d'une personne de confiance, permettra de récréer l'ambiance qui se vit dans la famille.

La préparation à la grossesse vous donne aussi l'occasion de vérifier le nombre d'heures que vous passez vous-même devant le téléviseur. Prenez le temps de lire l'excellent livre de Michel Lemieux *La télé cannibale* (Éditions Écosociété). Diminuez progressivement vos heures d'écoute de la télévision afin de récupérer du temps pour vous, pour votre couple et bientôt pour votre famille.

Enlevez les sources d'aluminium de votre cuisine, vérifiez vos casseroles. Changez votre déodorant si celui-ci contient de

1. Consulter le livre *Soins à mon enfant* de la même auteure aux Éditions le Dauphin Blanc.

l'aluminium et du zirconium. Ces produits pénètrent facilement par la peau.

C'est donc un bon départ pour améliorer vos habitudes de vie. Ces changements auront un impact certain sur votre santé à long terme et sur celle de votre enfant à venir.

Chapitre 2

La grossesse

Vous êtes enceinte et vous tombez comme par hasard sur ce livre. Il peut vous paraître surprenant d'agir dès votre grossesse pour éviter des problèmes au niveau de la concentration ou du comportement chez votre bébé à naître. Et pourtant, c'est essentiel, car votre bébé utilise les matériaux que vous lui offrez pour se construire. Afin d'avoir une vue d'ensemble, nous aborderons plusieurs points.

C'est évident qu'il sera impossible de prouver que votre enfant aurait eu des troubles de concentration, même si vous n'aviez pas changé vos habitudes de vie. La prévention étant une sage conseillère, voulant mettre toutes les chances de votre côté, c'est donc le moment de vous informer et de faire confiance à ce que d'autres personnes ont vécu ou expérimenté.

Le cerveau est très complexe et, bien qu'il soit protégé contre les agresseurs extérieurs traditionnels, il est sensible à une foule d'autres facteurs internes. Le docteur Jeffrey S. Bland, Ph.D., et son équipe sont venus à développer l'hypothèse que plusieurs maladies mentales chroniques et certains problèmes physiques sont reliés à l'accumulation de toxines métaboliques dans le corps. Qu'à une certaine concentration, ces toxines, qu'elles soient d'origine endogène ou exogène[1], peuvent affecter la fonction neurobiochimique de l'organisme. Que certaines substances à l'intérieur du neurone affectent la fonction du système nerveux. « La concentration de ces substances change au cours de la journée avec les rythmes cycliques de l'individu, l'âge, les expériences, le niveau de stress, l'environnement, la consommation de drogues, de médicament ou d'alcool ou encore avec le fonctionnement de ses systèmes gastro-intestinal ou hépato-biliaire et enfin avec sa diète. »[2] C'est le foie, organe de désintoxication, qui permettra de maintenir l'équilibre sinon il y aura accumulation de toxines, dites neurotoxines, qui pourront ainsi « modifier la chimie du cerveau ainsi que le comportement ». L'état de la flore intestinale, l'absence de perméabilité intestinale et un foie en bon état permettront à l'organisme de se protéger contre ces toxines qui sont actives au niveau cérébral.

La qualité du milieu interne est donc dépendante de la qualité de l'environnement externe. Comme parents, nous devons prendre conscience que notre futur bébé ne se crée pas sur l'air du temps et que plus ses matériaux seront nobles, plus il aura un potentiel de santé optimal. Cela ne veut pas dire que nous serons exempts de toutes les anomalies génétiques qui peuvent survenir lors d'une conception, les causes sont innombrables, mais nous pouvons toujours agir positivement sur ce que nous connaissons.

Pendant la grossesse, la mère est l'intermédiaire entre le milieu externe et le fœtus. Ce petit être en développement est complètement assujetti aux actions de sa maman et à ce qu'elle vit. Dans notre société industrialisée, nous commençons enfin à tenir compte de l'état de grossesse de la femme. Il y a de plus en plus de milieux professionnels où l'on permet le retrait préventif du travail pour protéger la mère et le bébé. Ce n'est qu'un début. On reconnaît l'impact des dangers physiques comme les risques

1. Endogène : venant de l'intérieur du corps et exogène : venant de l'extérieur du corps.
2. Townsend Letter for Doctors, décembre 1994, p. 1335 à 1341.

de gestes violents, les charges lourdes, les gestes répétitifs, les stations debout prolongées. On reconnaît certains risques infectieux dans les milieux hospitaliers, les garderies, les écoles, si la future mère n'est pas immunisée. On reconnaît aussi l'exposition à certains produits toxiques, par exemple, dans certains laboratoires ou salons de coiffure. On reconnaît donc certains risques en lien avec le développement harmonieux du bébé. Nous ne pouvons que souhaiter que cette prise de conscience continue de grandir afin qu'un jour prochain, on ne fasse pas que retirer la mère d'un milieu à risque, mais qu'un milieu sain soit systématiquement instauré pour les femmes enceintes dans le respect de ce miracle de la Création, la formation d'un futur bébé. Milieu de vie qui respecterait l'intégrité physique de l'environnement, mais aussi l'intégrité émotionnelle. Un jour, nous comprendrons peut-être que Créer la Vie, c'est une grande responsabilité et un travail à temps plein...

Selon les experts en nutrition, l'alimentation serait le facteur environnemental le plus important pour le développement du cerveau pendant la grossesse. Lors de la grossesse, les neurones sont produits au rythme d'environ 250 000 à la minute! Le cerveau atteint sa vitesse de développement maximale autour de la naissance. À l'arrivée du grand jour, le nombre de neurones est presque définitif, soit 100 billions. Le cerveau continuera de croître par la suite, mais surtout par la formation de cellules de support, l'isolation des cellules nerveuses et le développement de nouvelles connexions nerveuses. Certains nutriments sont plus susceptibles d'affecter le développement et le fonctionnement normal du cerveau. Selon Louise Thibault, nutritionniste : « On considère même que la malnutrition de la femme enceinte serait la cause la plus commune de problèmes de retard mental! »[1] J'ajouterai à cette affirmation que c'est aussi une question d'assimilation des nutriments qu'on ingère à travers les aliments. Même l'état d'esprit dans lequel on mange a une influence sur la qualité de ce qu'on assimile. Pensez aux repas qui vous sont

1. Louise Thibault, *Nourrir son cerveau*, Éditions de L'Homme, 1994, p. 44.

restés sur l'estomac quand vous aviez eu une discussion orageuse précédemment ou au même moment.

M. Stephen Cunnane, chercheur au Centre de recherche sur le vieillissement et professeur à la Faculté de médecine et des sciences de la santé de l'Université de Sherbrooke, affirme que quatre éléments ont été cruciaux pour l'évolution du cerveau chez l'humain; ceux-ci n'auraient pas été disponibles aux autres primates étant donné leur milieu de vie. Ce sont donc les acides gras oméga-3 (le DHA et son précurseur, l'EPA), l'iode, le zinc et le fer. Ces nutriments se retrouvaient en abondance dans les poissons et les coquillages. Même les poissons d'eau douce contiendraient suffisamment d'oméga-3 pour soutenir le développement du cerveau. Selon le professeur Cunnane, le mode de vie sédentaire près des lacs et des rivières aurait permis notre évolution cérébrale avec toutes les conséquences qui s'en sont suivies[1].

Voici donc les nutriments que l'on reconnaît à ce jour comme essentiels au développement du cerveau. Il est fort possible que les chercheurs découvrent d'autres éléments dans les années à venir. Si la femme débute sa grossesse sans aucune carence, une alimentation saine, biologique et équilibrée devrait apporter tous les nutriments nécessaires. Les prises de sang de routine, en début de grossesse, sont très indiquées et elles permettront, entre autres, de relever toute présence d'anémie. Lorsque c'est accessible, l'analyse minérale des cheveux permettrait d'assurer que tous les besoins en minéraux sont comblés par des ajustements nécessaires. Il est bon de rappeler que l'utilisation de la pilule anticonceptionnelle, le stress, les grossesses antérieures et les périodes d'allaitement prolongées sont tous des facteurs qui ont augmenté vos besoins en vitamines et minéraux.

1. Tiré d'une entrevue faite par le Réseau Proteus le 22 avril 2005. M. Stephen Cunnane publiera prochainement un volume intitulé *Survival of the Fattest* (*La survie du plus gras*) http://www.reseauproteus.net

Le fer

Le fer est la déficience nutritionnelle la plus répandue dans le monde, autant chez les enfants que chez les adultes. Les femmes sont particulièrement touchées étant donné les pertes occasionnées mensuellement par leurs règles. Le fer joue un rôle essentiel dans la formation et le transport des neuromédiateurs ou agents de communication dans le cerveau. Selon la période de la grossesse ou l'âge de l'enfant où survient la carence en fer, l'effet diffère. Par exemple, l'attention aux stimuli peut diminuer, ce qui entraîne des troubles d'apprentissage et de mémoire. L'intelligence peut aussi être affectée chez certains enfants. Le fer permet aussi le transport de l'oxygène par l'hémoglobine des globules rouges (érythrocytes) et il est essentiel au bon fonctionnement des défenses anti-infectieuses. Selon le docteur Jean-Paul Curtay[1], le déficit en fer peut entraîner une baisse d'énergie et des capacités intellectuelles bien avant de produire une anémie. Il est important de préciser qu'un excès de fer n'est pas recommandé, car il devient ainsi un grand générateur de radicaux libres pour l'organisme. Il nuit aussi à l'absorption du zinc, autre nutriment essentiel pour le cerveau. La supplémentation en fer n'est indiquée que lorsqu'il y a évidence de carence nutritionnelle mise à jour par une analyse sanguine appropriée. Certaines étapes de vie nécessitent un apport accru en fer particulièrement chez l'enfant en croissance et pendant la grossesse.

Sources alimentaires :

Viandes rouges maigres, foies, dinde, œufs, légumineuses, légumes vert foncé, algues (les sources végétales doivent être associées à des aliments riches en vitamine C pour augmenter l'assimilation).

1. Jean-Paul Curtay, *La Nutrithérapie. Bases scientifiques et pratique médicale*, Éditions Boiron, 1995, p. 109.

L'iode

L'iode est essentiel pour le développement du cerveau. Une carence importante atrophie certaines parties du cerveau, réduit le nombre de cellules nerveuses tout en diminuant le nombre de connexions entre celles-ci. Les deux derniers trimestres de la grossesse sont une période critique pour les carences en iode. Dans les cas extrêmes, le crétinisme[1] s'installera sans aucune possibilité d'amélioration, même s'il y a supplémentation en iode. Il est intéressant de noter que si la mère a une carence en iode pendant la grossesse, ce seront les besoins de la mère qui l'emporteront sur ceux du bébé contrairement à d'autres nutriments. Il en va de même pendant l'allaitement.

La déficience extrême en iode se retrouve surtout dans les régions montagneuses éloignées de la mer où le sol est pauvre en iode, où le sel de mer complet n'est pas disponible ni même le sel iodé et où la population ne consomme que les produits cultivés localement.

Sources alimentaires :

Poissons de la mer, fruits de mer, algues, sel de mer complet, sel blanc iodé, légumes cultivés en zones côtières.

Le magnésium

Le magnésium est un élément essentiel au développement du bébé. Bien qu'il n'agisse pas directement sur ses fonctions cérébrales, le magnésium permet un meilleur apport sanguin au fœtus par le cordon ombilical, étant donné son effet vasodilatateur[2]. Les bienfaits reliés au magnésium sont multiples : « il est indispensable à la formation de l'os et à la bonne répartition du calcium dans les tissus et les cellules, à la production d'énergie, à l'activation des vitamines du groupe B, à l'adaptation au stress

1. Crétinisme : forme de débilité mentale et de dégénérescence physique en rapport avec une insuffisance thyroïdienne, souvent accompagnée de goitre.
2. F. Facchinette *et al.*, Oral magnesium supplementation improves fetal circulation, *Magnesium Res*, 1992; 5 : 179-181.

de l'ensemble de l'organisme et plus particulièrement du cœur et du cerveau (...), à la protection contre l'alcool et les métaux lourds et à la stabilité de la structure des gènes[1] ». Fait intéressant à souligner : en Allemagne, la supplémentation en magnésium de la femme enceinte est systématique. Elle doit être donnée dès le premier trimestre de la grossesse pour être efficace. À noter que le magnésium réduit aussi le passage placentaire du plomb et du cadmium vers le bébé, diminuant ainsi son exposition aux métaux lourds.

Sources alimentaires :

Céréales complètes, légumes verts, oléagineux, noix, fruits séchés, algues, eaux riches en magnésium.

Le zinc

Une carence en zinc peut aussi affecter le développement et la croissance du cerveau. Ce métal contribue à la qualité des membranes graisseuses qui entourent les cellules cérébrales. Un manque de zinc a un effet direct sur la transmission de l'information à l'intérieur du cerveau. De plus, le zinc est nécessaire au bon déroulement de la grossesse et de l'accouchement. Il réduit la fréquence des avortements spontanés, des césariennes et des hémorragies.

Il est important de préciser que les métaux lourds, comme le mercure, prennent la place de certains minéraux dans l'organisme, dont le zinc. La carence en zinc est très fréquente chez les enfants de même que la présence de métaux lourds. Le soya est naturellement riche en cuivre, lequel est un antagoniste du zinc. Les personnes qui ne boivent que du lait de soya et qui sont végétariens augmentent le risque de présenter une carence en zinc. Certains enfants auraient de la difficulté à éliminer le mercure d'où, bien sûr, un besoin plus élevé de zinc pour compenser les pertes occasionnées par la présence de métaux

1. Jean-Paul Curtay, *La Nutrithérapie. Bases scientifiques et pratique médicale*, Éditions Boiron, 1995, p. 108.

lourds. Le zinc apporte aussi une protection contre l'exposition au cadmium et au plomb.

Sources alimentaires :

Viandes, fruits de mer dont les huîtres cuites, poissons gras, foies, œufs, oléagineux (graines de citrouille et de tournesol, huile de pépins de courges, etc.), noix, céréales complètes, légumineuses dont le soya.

La vitamine B_6

La pyridoxine ou vitamine B_6 est importante pour la fabrication des neurotransmetteurs cérébraux en particulier du GABA (acide gamma-aminobutyrique) et de la sérotonine. Le déficit en vitamine B_6 est connu dans les troubles de l'humeur et il serait un cofacteur important dans les cas de dépression pendant la grossesse ou en période post-partum. Chez le nourrisson, une carence en vitamines B_6 augmenterait la durée de pleurs et l'irritabilité tout en diminuant la capacité d'adaptation et le niveau de vigilance[1]. Les femmes qui ont été sous contraception orale pendant plus de trente mois ont des besoins accrus en vitamine B_6.

Sources alimentaires :

Levure de bière, céréales complètes, graines de tournesol, noix, légumineuses, bananes, champignons, foies, poissons gras, viandes.

La vitamine B_9

L'acide folique, folacine, folate ou la vitamine B_9 est essentielle pour le développement du cerveau et de la colonne vertébrale. Ce besoin est très connu pour éviter les anomalies congénitales comme le spina-bifida et les séquelles qui lui sont associées (paralysie et perte de sensibilité des membres inférieurs). D'où la recommandation d'un supplément d'acide folique pendant les

1. Jean-Paul Curtay, *La Nutrithérapie. Bases scientifiques et pratique médicale*, Éditions Boiron, 1995, p. 190.

trois premiers mois de la grossesse et même avant si la grossesse est planifiée. Santé Canada recommande 1 mg d'acide folique par jour.

Sources alimentaires :

Légumes verts et feuillus (brocolis, épinards, pois, choux de Bruxelles, etc.), avocats, fruits, dattes, céréales à grains entiers (riz brun, orge, maïs, etc.), légumineuses (haricots, lentilles, etc.), poulet, saumon, thon, foies, œufs, levure de bière.

Les oméga-3

Les bons gras ou les acides gras essentiels (parce qu'apportés par l'alimentation) entrent dans la composition des membranes cellulaires du cerveau. Ils en assurent la qualité et la souplesse. Ces membranes jouent un rôle de premier plan dans la communication de l'information. Une bonne membrane souple permet de capter la finesse des messages émis par les neurotransmetteurs. Notre cerveau contiendrait environ 60 % de gras. Cet apport en bons gras est nécessaire toute notre vie. Il a été démontré que la nature des gras que l'on consomme altère les membranes, ce qui modifie l'activité cérébrale avec pour conséquence la modification de nos comportements.

L'acide gras oméga-3 est de plus en plus populaire. Ce type de gras polyinsaturé à longue chaîne est manquant chez la plupart des gens qui ne consomment pas régulièrement de poissons, de mollusques, de crustacés ou d'algues. On le retrouve aussi dans le règne végétal sous forme de ALA[1] dans des aliments qui ne sont pas de consommation courante : lin, chanvre, citrouille, pourpier, soya et légumes vert foncé. Ces gras, d'origine végétale, nécessitent une transformation lente par différents enzymes pour être transformés en EPA[2] (indispensable au bien-être physique) et en DHA[3] (indispensable au cerveau et à la croissance des

1. ALA : acide alpha-linolénique.
2. EPA : acide éicosapentaénoïque.
3. DHA : acide docosahexaénoïque.

cellules nerveuses et seul gras présent dans le cerveau). Dans les végétaux, nous retrouvons surtout des acides gras oméga-6 (arachide, tournesol, soja, maïs, onagre, bourrache, etc.) et le rapport oméga-3/oméga-6 est déséquilibré. Nous devrions consommer quatre à sept acides gras oméga-6 pour un acide gras oméga-3. Dans la population, en général, nous avons plutôt un rapport de dix acides gras oméga-6 pour un oméga-3. L'excès d'acides gras oméga-6 maintient un terrain inflammatoire dans l'organisme. Les bons gras sont transmis par la mère durant la grossesse et l'allaitement. Ce n'est que depuis 2001 que la Food and Drug Administration (FDA) a autorisé l'enrichissement des préparations pour les nourrissons en DHA et en AA[1], bien que l'Organisation mondiale de la Santé (OMS) recommande cet ajout depuis 1993. Plusieurs pays asiatiques et européens l'autorisaient depuis plusieurs années. Des études ont démontré que les nouveau-nés ayant reçu une préparation enrichie avaient un meilleur développement sur les plans visuel et neurologique que les bébés nourris avec des préparations non enrichies d'oméga-3[2]. Les chercheurs ne savent pas si ces derniers rattrapent le retard avec la croissance. Il faut bien lire les étiquettes, car toutes les préparations lactées n'en contiennent pas systématiquement. Les chercheurs sont unanimes à dire que rien ne peut remplacer parfaitement le lait maternel. C'est dans les trois derniers mois de la grossesse que les besoins sont grands, car la croissance du cerveau est à son maximum.

Sources alimentaires :

Poissons gras idéalement sauvages comme le saumon, la truite, le maquereau, le hareng et le thon. Les femmes enceintes doivent choisir les petits poissons pour minimiser l'apport de métaux lourds. Les noix, graines et leurs huiles, principalement le lin, le chanvre, le tournesol, la bourrache.

1. AA : acide arachidonique.
2. Françoise Ruby, Les préparations pour nourrissons enrichies en DHA et en AA autorisées aux USA. *Réseau Proteus (AP)*, le 31 juillet 2001.

Les huiles ne doivent pas être chauffées afin de garder la propriété des gras.

Les modes étant ce qu'elles sont... vous trouverez à l'épicerie toutes sortes de produits enrichis d'oméga-3. Soyez vigilants afin d'éviter de payer plus cher des aliments qui n'en valent pas la peine. L'huile de lin est sensible à la chaleur et à l'oxydation. Elle rancit donc facilement. Lorsqu'elle se retrouve dans des aliments pasteurisés (lait, jus), donc chauffés, nous pouvons nous interroger sur le maintien de la qualité. Une bouteille d'huile de lin ne se conserve que trois semaines au réfrigérateur une fois qu'elle est ouverte.

Une consommation régulière de poissons (deux fois par semaine), de noix et de graines (une à deux poignées par jour) et d'huile de première pression à froid consommée crue sur nos aliments comblent les besoins de base en oméga-3. Si vous désirez acheter des acides gras oméga-3 en supplément, lisez bien les étiquettes. Vous devez acheter un produit de qualité pharmaceutique sans métaux lourds ni toxines et sans oxydation. La manipulation de ces gras, somme toute fragile, peut détériorer leur qualité. Méfiez-vous des aubaines...

Les protéines et les calories

La malnutrition en protéines et l'insuffisance de calories diminuent la teneur en gras du cerveau et affectent l'activité des neurotransmetteurs. Ce besoin en protéines et calories est essentiel chez le fœtus et chez l'enfant jusqu'à quatre ou cinq ans afin d'éviter un développement intellectuel plus lent. « Parmi les conséquences d'un manque de protéines et d'énergie alimentaire au début de la vie figurent les troubles de l'attention, les difficultés d'apprentissage et les problèmes de mémoire et de stabilité émotive[1]. »

1. Louise Thibault, *Nourrir son cerveau*, Éditions de L'Homme, 2003, p. 49.

Sources alimentaires :

Viandes, volailles, poissons, fruits de mer, légumineuses, œufs, céréales entières, noix et graines, produits laitiers.

Le professeur Stephen Cunnane, spécialiste du fonctionnement du cerveau et des acides gras, nous révèle que chez l'adulte, le cerveau représente 2 % du poids corporel, mais qu'il consomme 23 % des calories quotidiennes tandis que chez le bébé, le cerveau constitue 11 % de son poids et que 74 % de l'apport énergétique lui est consacré! D'où l'importance d'un apport calorique suffisant.

Dès maintenant, nous pouvons reconnaître l'importance de la qualité de l'alimentation et, aussi, l'importance de combler les carences aussi petites soient-elles. Dans certains cas, il est donc indiqué d'utiliser un supplément de vitamines et minéraux de très bonne qualité pour vous assurer d'avoir le minimum nécessaire. D'où la recommandation d'un supplément prescrit par plusieurs médecins lors de la grossesse. Consultez un bon conseiller en magasin pour trouver un produit qui s'assimile bien. Ce supplément devrait être facile à digérer sans entraîner de constipation.

L'alcool

Une mise en garde doit être faite par rapport à la consommation d'alcool durant la grossesse. L'alcool réduit l'absorption de plusieurs éléments nutritifs essentiels dont les vitamines du groupe B. De plus, l'alcool s'assimilant très bien, il se rend très rapidement dans toutes les parties de notre corps y compris notre cerveau. Chez le fœtus, l'alcool passe la barrière placentaire pour se loger dans le foie, le pancréas, les reins, les poumons, le cœur et le cerveau. La consommation d'alcool au cours du premier trimestre risque davantage d'entraîner des anomalies structurales et anatomiques, alors qu'au deuxième et au troisième trimestre, elle accroît le risque de retard de croissance et d'atteinte fonctionnelle. Les spécialistes reconnaissent aujourd'hui le syndrome de l'alcoolisme fœtal qui, à l'extrême limite, peut entraîner un retard de croissance important, une déformation du visage, un retard mental, des problèmes de comportement comme l'hyperactivité et des problèmes d'apprentissage. Comme les chercheurs n'ont pu établir de niveau de consommation sans danger au cours de la grossesse, Santé Canada recommande que les femmes qui sont enceintes ou qui souhaitent le devenir s'abstiennent de prendre de l'alcool.

La cigarette

La cigarette, c'est bien connu, n'est pas recommandée pour les femmes enceintes. Voici ce que nous révèle Santé Canada : « La nicotine que contient la cigarette peut nuire au bébé. La nicotine restreint le flux sanguin vers le placenta, ce qui fait en sorte que le bébé reçoit encore moins d'éléments nutritifs et d'oxygène qu'il ne lui en faut pour assurer un développement optimal. La nicotine, en outre, fait accélérer les battements du cœur de l'enfant. Quand la mère fume, elle expose aussi son bébé à tous les produits chimiques toxiques que contient la fumée du tabac. Il y a plus de 4 000 produits chimiques dans la fumée du tabac, dont 50 qui sont associés au cancer! Il est reconnu que l'usage du tabac affecte les bébés avant leur naissance. Les produits chimiques que contient la fumée du tabac sont transmis au bébé par le placenta. La nicotine fait accélérer le cœur du bébé et les mouvements de la respiration. » C'est bien connu aussi que les bébés de mères fumeuses ou exposés à la fumée sont de plus petit poids à la naissance, que les fumeuses ont plus de risque de faire des avortements spontanés (fausse couche). Les plus petits bébés à la naissance sont aussi plus sensibles aux infections. « Le bébé pourrait avoir des troubles d'apprentissage, être plus porté aux otites et aux rhumes que les autres et avoir des troubles respiratoires[1]. »

Il est aussi entendu que la consommation de drogues illicites aura des conséquences sur l'enfant à naître, qu'il est préférable de s'en abstenir.

1. http://www.hc-sc.gc.ca/hp-gs/know-savoir/smoke_fumer_f.html

Une fois l'apport alimentaire assuré, l'élimination des toxines prend aussi toute son importance étant donné l'impact qu'elles peuvent entraîner sur la chimie du cerveau et les comportements qui s'ensuivent. La future maman ne doit donc pas tolérer la constipation et doit aller à la selle au moins une fois par jour. Une bonne hydratation (un litre et demi d'eau pure par jour), des légumes et des fruits en abondance et des céréales entières devraient être suffisants pour avoir la quantité de fibres nécessaires à une bonne élimination intestinale. Un ajout de psyllium ou de son d'avoine biologique pourra compléter le tout si l'élimination est difficile. Les laxatifs ne sont pas recommandés aux femmes enceintes. Consultez un thérapeute si les problèmes persistent.

Notre alimentation moderne et la prise d'antibiotiques perturbent l'équilibre de la flore intestinale. Une flore désiquilibrée fragilise à long terme la qualité de la muqueuse intestinale et augmente par le fait même la quantité de toxines qui auront à être éliminées par le foie. La paroi de l'intestin est normalement sélective, elle ne laisse passer que les molécules dont notre organisme a besoin pour fonctionner. Tous les débris nuisibles (acides puissants, enzymes digestifs, particules d'aliments non digérés, microorganismes) sont éliminés par l'intestin sain. La membrane imperméable de la paroi intestinale est particulièrement fragile puisqu'elle n'est formée que d'une seule couche de cellules qui se renouvellent extrêmement rapidement. Dans les cas de stress alimentaires (alimentation déficiente et inadéquate), de maladies (maladie de Crohn, eczéma, arthrite, allergies alimentaires, etc.), d'alcoolisme, d'abus de médicaments (excès d'antibiotiques et d'anti-inflammatoires), d'infections bactériennes ou de parasites intestinaux, la perméabilité intestinale s'installe plus ou moins gravement dépendamment de la chronicité du problème. La paroi de l'intestin fuit et laisse passer, à des degrés divers, des molécules de plus en plus grosses. « Protéines, hydrates de carbone et gras partiellement ou non digérés et divers fragments de microorganismes contaminent le sang et la lymphe de l'appareil intestinal[1]. » Le corps étant bien fait, certains débris seront digérés, métabolisés et évacués par les ganglions lymphatiques et le foie. Par contre, d'autres débris continueront de circuler dans l'organisme, surchargeant ainsi le système immunitaire, le foie et tous les autres systèmes et organes du corps. Le docteur Michael Lyon affirme que, selon ses recherches, la majorité des enfants atteints de troubles déficitaires de l'attention avec ou sans hyperactivité, de même que plusieurs enfants atteints d'autisme, souffrent du syndrome de perméabilité intestinale.

Nous savons que le cerveau communique par des molécules que l'on nomme neurotransmetteurs ou neuromédiateurs. Nous savons aussi que les cellules du système immunitaire sont munies de récepteurs capables de comprendre le langage des neuromédiateurs. C'est ce qui crée la communication entre le cerveau et le système immunitaire. Nous savons aujourd'hui que des cellules immunitaires sont logées dans l'intestin. Selon les chercheurs, les données diffèrent un peu. Le docteur Lespinesse[2] affirme que 70 à 80 % des cellules immunitaires sont logées dans l'intestin. Le docteur Michael Lyon parle plutôt de plus de 50 % des cellules du système immunitaire à l'intérieur ou en périphérie du système gastro-intestinal. Quoi qu'il en soit, « les signaux d'alertes chimiques transmis au circuit sanguin par ces deux systèmes, immunitaire et digestif, ont la faculté d'agir sur le cerveau[3] ».

Il est possible de passer un test pour savoir si l'on souffre ou non du syndrome de perméabilité intestinale. C'est le test au lactulose-mannitol. Les médecins spécialisés en approches nutritionnelles ou les naturopathes ont souvent recours à ce type de test. Quoi qu'il en soit, il est souhaitable, pendant la grossesse, de prendre un supplément de probiotiques pour équilibrer la

1. Michael R, Lyon, *Le cerveau de votre enfant est-il affamé?,* Mind Publishing, 2004, p. 70.
2. Marie Caoutte, Le yogourt aide à réduire les risques d'allergies. *Le Soleil*, le 27 avril 2003, p. A 7.
3. Michael R. Lyon, *Le cerveau de votre enfant est-il affamé?* Mind Publishing, 2004, p. 69.

flore intestinale. Ces bonnes bactéries diminueraient les risques d'allergie et d'eczéma chez les bébés tout en renforçant le système immunitaire. Le yogourt et le kéfir sont aussi intéressants pour un apport de bactéries aimables si les produits laitiers sont bien tolérés par la mère et l'enfant. On les choisira de préférence nature, donc non sucré, car le sucre nuit à la santé de l'intestin et de l'immunité. Des fruits peuvent être ajoutés si nécessaire pour adoucir le goût; ce sont des sucres naturels, moins concentrés, que le corps assimile bien.

La grossesse se continue. L'alimentation est adéquate. La santé de l'intestin est bonne. Les toxicités environnementales ont été éliminées au mieux de vos connaissances. Tout est de bon augure pour donner le maximum à votre petit bébé en formation. Il reste un élément à souligner et non le moindre : le stress.

Pendant la grossesse, les niveaux de glucocorticoïdes sont considérablement augmentés[1], probablement en lien avec les besoins accrus du métabolisme de la mère. La nature a prévu le tout et le placenta produit une enzyme (11ß-OHSD) qui transforme la principale hormone de stress, le cortisol, biologiquement très actif, en cortisone (qui n'est pas de l'hydrocortisone), biologiquement inactive. La mère présente donc des niveaux de cortisol cinq à dix fois plus élevés que le fœtus. Cependant, grâce à l'enzyme 11ß-OHSD, celui-ci est bien protégé, mais jusqu'à un certain point. Si le stress chez la mère s'aggrave, le niveau de cortisol trop élevé va diminuer la production de l'enzyme protecteur et le taux de cortisol va s'élever chez le fœtus. Cette augmentation de glucocorticoïdes chez le fœtus peut conduire, entre autres, à un retard de croissance. Le docteur Meaney conclut aussi que le tabagisme, la malnutrition sévère principalement reliée à la privation de protéines et l'alcoolisme provoquent, tout comme le stress, une augmentation de la production de cortisol chez la mère.

1. *Le développement de l'enfant et ses effets à long terme sur la santé*. Présentation de Michael J. Meany, Ph. D., Départements de psychiatrie et neurologie, Université McGill, Montréal.

Le nombre de cellules dans le cerveau a son importance, mais le point le plus sensible dans le développement serait plutôt l'endroit où les cellules du cerveau forment leurs connections avec les autres cellules. Ces sites de communication se nomment des synapses. Ce sont les endroits où les cellules se rapprochent les unes des autres et libèrent leurs neurotransmetteurs afin de communiquer l'information. « Cette synaptogénèse, le processus par lequel des nouvelles synapses sont formées, est un processus de toute une vie et il est essentiel pour l'apprentissage et la mémoire. Nous sommes capables d'apprendre de nouvelles informations parce que les cellules du cerveau forment de nouvelles connections les unes avec les autres. (...) Le stress inhibe la croissance et la plasticité synaptiques. Cela est vrai chez l'adulte et certainement vrai chez l'enfant. » Selon le Dr Meany, lorsque surviennent des dommages dans certaines régions du cerveau comme l'hippocampe et le cortex cérébral dus aux excès de stress, des troubles d'apprentissage et d'attention peuvent survenir, ainsi qu'une forte augmentation de l'activité motrice. Il ajoute que « le stress familial, l'abus et les infections en bas âge sont tous des facteurs de risque du déficit de l'attention et trouble de l'activité. Il en est de même pour le tabagisme et l'abus d'alcool pendant la grossesse[1]. »

Nous comprenons maintenant que le rythme de vie d'aujourd'hui est antiphysiologique pour la future maman et pour le bébé à venir. Les exigences sont grandes : performance au travail, responsabilités parentales augmentées dans les cas de séparation, charges financières, charges familiales avec les parents vieillissants, mauvaise nutrition, piètre condition physique, stress relié au bruit, au transport, aux conflits humains, etc. Si nous souhaitons sincèrement que nos enfants soient heureux, équilibrés, bien développés, et ceci, sans médication, nous devons changer notre mode de vie dès maintenant. Nier cette évidence, c'est se mettre la tête dans le sable en souhaitant que la malchance ne tombe

1. *Le développement de l'enfant et ses effets à long terme sur la santé*. Présentation de Michael J. Meany, Ph. D., Départements de psychiatrie et neurologie, Université McGill, Montréal.

pas dans notre famille ou que notre enfant ait une plus grande capacité d'adaptation que les autres enfants. L'adage, ***mieux vaut prévenir que guérir,*** revêt aujourd'hui toute son importance.

Chapitre 3
Le bébé (0-2 ans)

Le premier élément à planifier lorsqu'on désire avoir un enfant, c'est l'allaitement maternel. Il est essentiel de vous informer, de démystifier les peurs ou les inquiétudes s'il y en a. Tentez de trouver des appuis dans votre milieu de vie, que ce soit dans la famille ou auprès des amies qui vont vous encourager si vous êtes hésitante. Lisez des livres ou des documents sur l'allaitement afin de découvrir toutes les vertus de votre lait.

En fait, le gros bon sens nous dirait tout simplement que chaque espèce de mammifère produit exactement le lait qui convient à ses petits pour assurer sa croissance et son développement harmonieux. Le lait maternel contient, entre autres, du cholestérol; il semble qu'il serait essentiel pour le développement des systèmes nerveux et musculaire du bébé (les formules lactées n'en contiennent pas). Le lait de femme contient deux fois plus de glucides sous forme de lactose que le lait de vache. Ce sucre est essentiel pour le fonctionnement optimal du cerveau et du système nerveux central (synthèse de la myéline). Il facilite aussi l'absorption du calcium tout en favorisant le développement d'une flore intestinale saine. En général, plus le cerveau d'une espèce est volumineux, plus le contenu en lactose du lait est élevé. Le fer contenu dans le lait maternel s'assimile particulièrement bien grâce à deux protéines spécialisées : la lactoferrine et la transferrine qui permettent de mieux fixer le fer. Le lait de femme contient aussi un acide aminé très important qu'on ne retrouve pas dans le lait de vache, il s'agit de la taurine. Cet acide aminé est essentiel pour le développement du cerveau. On l'ajoute maintenant dans les formules lactées du nourrisson. Le gras qui compose le lait maternel est sept fois plus riche en acides gras polyinsaturés que le lait de vache. Ces gras sont essentiels pour le développement du cerveau, des membranes cellulaires, pour l'intégrité de la peau et du système immunitaire.

Il y aurait encore beaucoup à dire sur la composition du lait maternel, ce qui n'est pas le propos de ce volume. Je vous invite à le découvrir dans les livres spécialisés sur le sujet. En plus des qualités intrinsèques du lait, le contact physique de chaleur et de douceur permet de tisser un lien profond entre la mère et l'enfant, ce qui est indispensable à son développement affectif. Au-delà de la chaleur et de la nourriture, le contact physique, le toucher, est aussi essentiel pour réduire la sécrétion d'hormones de stress chez l'enfant, ce qui favorise une croissance harmonieuse et un développement cérébral accru.

L'allaitement maternel est actuellement conseillé jusqu'à l'âge minimum de six mois afin de diminuer les risques d'allergies, l'idéal étant d'allaiter à la demande jusqu'à l'âge de deux ans. Il n'est aucunement question de se culpabiliser si ce n'est pas ce qui a été fait. Chacune des journées où votre enfant a été allaité est un plus pour lui, point. Aucune comparaison ne doit être faite... Les capacités et les contextes de vie sont différents pour chacun.

Le bébé qui ne peut être allaité par sa mère aura avantage à boire une préparation lactée enrichie d'oméga-3 pour assurer un développement cérébral optimal. Dès que son âge le permettra, il s'agira d'inclure des sources d'oméga-3 dans son alimentation. Les précautions de bases en regard des allergies alimentaires devront être considérées. Si un des deux parents est allergique au poisson, par exemple, il faudra attendre avant d'en offrir à l'enfant. C'est le même principe pour les noix et les graines.

Les bébés nourris au sein sont rarement anémiques, à moins que la mère elle-même ne soit anémique. Par contre, les bébés nourris avec les formules lactées sont plus à surveiller, car le fer contenu dans ces laits de synthèse ne s'assimile pas aussi bien. C'est d'ailleurs pour cette raison que nous retrouvons sur le marché des laits enrichis de fer. L'industrie doit augmenter l'apport en fer comparativement à ce que l'on retrouve dans le lait de femme, pour s'assurer que la quantité requise est absorbée. C'est au cours des premiers mois de la vie que les besoins en fer sont les plus élevés proportionnellement au poids. Lorsque les réserves de fer des bébés et des jeunes enfants sont épuisées, ils apprennent moins bien. Leur performance s'améliore avec un supplément de fer.

Par la suite, il suffira d'offrir au bébé des aliments de qualité[1], variés, non raffinés et biologiques de préférence afin d'éviter le maximum de produits chimiques. Aucun gras trans ne sera donné à l'enfant à travers les fritures ou les aliments préparés. Un enfant qui ne connaît pas les « McDonald's » n'en souffrira aucunement avant l'âge de deux ans... au moins!

Lorsque vous offrez du lait de vache ou de chèvre à votre enfant, il doit être servi entier jusqu'à l'âge minimum de deux ans afin de lui procurer les acides gras nécessaires à son développement cérébral. À partir de l'âge de neuf mois, si le bébé n'est plus allaité, on pourra ajouter des oméga-3 dans son alimentation en intégrant les poissons, les huiles de première pression à froid (ex. Bio-alpha de la compagnie Orphée), les graines moulues, toujours en vérifiant s'il a des allergies alimentaires.

La courbe de croissance du bébé doit être vérifiée afin de s'assurer qu'il reçoit la quantité de protéines et de calories nécessaires à son développement. Des carences à ce niveau peuvent avoir

1. Consultez le livre *Accueillir son enfant naturellement* de la même auteure aux Éditions le Dauphin Blanc.

un effet néfaste sur le cerveau. Par exemple, le développement intellectuel peut être plus lent. « Parmi les conséquences d'un manque de protéines et d'énergies alimentaires (calories) au début de la vie figurent les troubles de l'attention, les difficultés d'apprentissage et les problèmes de mémoire et de stabilité émotive[1]. » Ce qui est important, c'est qu'il doit prendre du poids régulièrement tout en grandissant. C'est l'indice qu'il reçoit les quantités de protéines et de calories dont il a besoin.

À cet âge, le bébé a besoin de la stimulation offerte par ses parents ou la personne qui le garde. On doit interagir avec lui, lui parler, le toucher, communiquer de toutes les façons, lui faire découvrir des textures par le toucher, des sons par la musique ou les chants d'oiseaux, des odeurs de fleurs et d'aliments. Le bébé est un être qui apprend en étant en relation étroite avec son environnement. Les soins quotidiens lui offrent aussi toutes ces opportunités. Il n'a donc aucun besoin de la télévision, tout au contraire. Vérifiez avec votre gardienne dans quel contexte se vit le dîner, car dans certains milieux de garde, les jeunes enfants mangent devant la télévision... Si vous désirez lui faire développer son goût pour l'art, emmenez-le vous-même au musée, mais de grâce évitez le cinéma... (Les cinémas offrent maintenant des matinées ciné-bébé!). Les sorties à l'extérieur dans les parcs ou dans la nature seront bénéfiques. Les siestes à l'extérieur favorisent aussi un meilleur sommeil. Essayez pour vous-même et vous constaterez la différence!

Les jeunes enfants fréquentant les garderies développent davantage d'infections. Les prescriptions d'antibiotiques sont donc monnaie courante. Dans la première partie du volume, j'ai abordé la question de la perméabilité intestinale. Afin d'éviter cette dégradation de la paroi intestinale, il sera indiqué de n'utiliser les antibiotiques que lorsque c'est nécessaire et, dans ce cas, de donner systématiquement à l'enfant des probiotiques pour rééquilibrer sa flore intestinale. Vous trouverez ces derniers dans toute bonne boutique de produits naturels. À ce jeune âge,

1. Louise Thibault, *Nourrir son cerveau*, Éditions de L'Homme, 2003, p. 49.

choisissez un produit en poudre qui se dilue bien dans un liquide et qui contient le facteur Bifidobactérium longum BB536 comme nous le retrouvons, par exemple, dans le produit *Ofibid*[1]. Il faut prendre soin d'espacer la prise de bonnes bactéries d'au moins deux heures avec les antibiotiques afin qu'elles ne soient pas détruites par ces derniers. Il est aussi préférable de les mélanger à un liquide (eau, lait, jus) pour qu'elles soient absorbées rapidement, évitant la digestion dans l'estomac. Il faut continuer à les prendre au minimum pendant deux semaines après la fin des antibiotiques. L'immunité de l'enfant en sera aussi fortifiée.

Autre fait à souligner : la capacité du bébé à ressentir ce qui se vit dans son environnement. Forcément, il réagira à sa manière aux sources de tension ou de stress qu'il perçoit. Ne sous-estimez pas son ressenti. Le bébé est comme une éponge qui capte tout. Évitez de faire semblant que tout va bien quand tout va mal. Mieux vaut lui parler (à tout âge) et lui dire comment vous vous sentez (triste, fâché, inquiet, etc.) et surtout précisez que vos émotions ne sont pas en lien avec lui, que c'est personnel, que cela vous appartient et que ça ira mieux demain. De cette manière, l'enfant est confirmé dans sa lecture qu'il fait de vous et il saura qu'il n'est pas la cause de cette tension. Quand vous le confiez à la gardienne, expliquez-lui que vous allez revenir à la fin de la journée même si ce n'est qu'un bébé.

L'atmosphère à la maison peut donc affecter son sommeil ou son état de veille. Il peut être nerveux ou irritable. D'ailleurs « les bébés d'aujourd'hui se réveille en moyenne trois fois durant la nuit au lieu de deux et pendant trente minutes au lieu de vingt par rapport aux années 60 et 70 (...), il fallait à l'époque une demi-heure à un bébé le soir pour s'endormir contre une heure aujourd'hui ». Cette enquête[2] réalisée par le magazine *Mother and Baby,* auprès de 2 000 mères britanniques, révèle que les parents d'aujourd'hui ont très peu de temps et que les bébés

1. http://www.viragesante.com
2. LONDRES (AFP), Le manque de sommeil, ennemi des mères qui travaillent. *Le Journal de Montréal*, le vendredi 3 juin 2004, p. 7.

sentent l'anxiété de leurs parents perturbant ainsi leur rythme de sommeil!

Un bébé heureux dort bien, mange bien et il sourit. Il peut vivre des moments plus difficiles s'il est malade ou s'il perce des dents, mais cela ne doit pas être le reflet du quotidien. Afin de l'aider à mieux vivre les moments de tension familiale, on peut lui donner des extraits floraux du docteur Bach. C'est efficace pour harmoniser le tempérament de l'enfant ou de l'adulte. Un thérapeute pourra vous conseiller à cet égard. Il existe aussi une abondante littérature sur le sujet.

Si vous avez l'impression que votre bébé est vraiment plus agité que les autres, qu'il sursaute constamment, qu'il dort mal et jamais profondément, qu'il fait constamment des selles molles, qu'il a mal au ventre, qu'il n'a pas d'appétit, etc., ce sont là des indices qui vous indiquent de consulter un médecin, un naturopathe ou un ostéopathe[1] selon le besoin. Si vous remarquez des changements de comportement même subtils, mais qui persistent après l'administration d'un vaccin[2], consultez un bon homéopathe. Rappelez-vous que c'est vous qui connaissez le plus votre enfant et que vous êtes à même de savoir quand ça ne va pas.

1. Par des touchers précis, l'ostéopathe peut enlever les tensions crâniennes qui résultent d'un accouchement long ou difficile.
2. Consultez le livre *Soins à mon enfant* de la même auteure afin de connaître certains risques attribués à la vaccination.

Chapitre 4
L'enfant (2-12 ans)

C'est davantage à ces âges que nous verrons apparaître certaines problématiques. C'est évident que plus nous offrons un milieu stable et calme à nos enfants, plus ses chances de grandir harmonieusement sont grandes. L'enfant a aussi besoin de sécurité et d'encadrement. Il cherchera à connaître vos limites, car c'est ce qui lui apporte sa sécurité.

L'alimentation chez l'enfant a un impact direct sur son état de santé. Il est en croissance, il a besoin de tous les nutriments nécessaires à son développement. Une alimentation saine non raffinée, variée, biologique le plus possible, est toujours de mise. Choisissez toujours des céréales complètes (même si elles sont présentées en flocons) pour assurer un bon apport en vitamines du complexe B. C'est vraiment les céréales biologiques de type *Nature's Path* qui offre la meilleure qualité. Elles sont sucrées avec des concentrés de jus de fruits et les colorants (si utilisés) sont naturels. Les céréales commerciales contiennent des colorants de synthèse et elles sont bourrées de sucres raffinés. Elles apportent des sucres trop rapides qui font descendre la glycémie rapidement par la suite. Des céréales du matin sous forme de bouillie ou de gruau sont plus économiques et encore plus nourrissantes.

Le déjeuner est vraiment un repas très important pour l'enfant. Il devra donc contenir des sucres lents (céréales complètes, muffins maison), des sucres à assimilation rapide mais nutritifs (fruits, confiture de fruits sucrée au jus de fruits), des protéines (œufs, fromage, beurre de noix, viandes, etc.) qui vont ralentir l'assimilation des sucres pour éviter les pics de glycémie, des bons gras (beurre de noix ou de graines, noix, graines, huile ou beurre[1]) qui apportent aussi la satiété. Ce type de repas permet une plus grande concentration à l'école et un meilleur niveau d'énergie. Oubliez les barres tendres, les muffins en barre, les muffins du commerce, les chocolatines et les croissants. Ce sont des produits tous plus sucrés les uns que les autres, de haute valeur calorique, mais de faible valeur nutritive. De plus, la plupart contiennent encore des gras trans qui sont toxiques pour le cerveau et qui favorisent les maladies cardiovasculaires. Accompagnez le déjeuner d'un verre de jus 100 % naturel ou d'un verre de lait nature (pas de *Quick*), qu'il soit de vache, de chèvre ou de soya. Préférez le lait si le contenu en protéines du déjeuner laisse à désirer. Servez des *smoothies* maison (petits fruits frais ou congelés avec yogourt nature ou tofu dans lequel vous pouvez ajouter une bonne huile riche en oméga-3 ou des noix et des graines moulues).

Les lunchs, si c'est nécessaire, devront être bien planifiés afin de contenir tous les aliments dont l'enfant aura besoin dans sa journée. Les collations seront aussi prévues au cas où. Toujours ajouter de l'eau de qualité pour encourager votre enfant à bien s'hydrater. Et assurez-vous auprès de l'éducatrice qu'il mange bien son repas, que ce dernier ne va pas à la poubelle... Évitez les desserts du commerce trop sucrés et de mauvaise qualité.

Les bonnes habitudes alimentaires sont beaucoup plus faciles à adopter avant l'entrée à l'école, car une fois dans le milieu

1. Si vous désirez diminuer votre consommation de gras saturés, vous pouvez mélanger moitié beurre et moitié huile d'olive de première pression à froid au malaxeur et mettre le tout au réfrigérateur. Vous aurez ainsi un beurre qui se tartine bien et qui est composé de gras saturés et monoinsaturés. Les deux sont nécessaires à la santé.

scolaire, l'influence des pairs est prépondérante. Opter pour une alimentation saine ne veut pas dire que vous devenez dogmatique. Un repas à l'occasion dans un restaurant *fast food* n'aura pas d'impact sur un enfant en bonne santé, mais encore là, faites des choix santé. Habituez votre enfant à choisir le meilleur pour lui. Il pourrait boire un jus à la place d'une boisson gazeuse, vous pouvez choisir une petite portion de frites à la place d'un gros format et le dessert n'est pas essentiel. Et pourquoi pas apporter quelques crudités dans un petit sac pour compléter le repas, c'est l'occasion rêvée pour apprendre à votre enfant les nuances de l'alimentation. Évitez de lui donner l'habitude d'aller au « McDonald's » tous les vendredis parce que maman est fatiguée... car il fera une crise quand vous changerez votre habitude. Ce sera un dû!

À partir de l'âge de deux ans, certains parents coupent les gras dans l'alimentation de leurs enfants parce qu'ils sont eux-mêmes à la diète. Vous devez éviter cela, car les enfants ont besoin de cette énergie concentrée et que les gras contiennent de la vitamine E. À long terme, une carence en vitamine E peut compromettre la qualité des conductions nerveuses et occasionner des troubles neurologiques. Ce sont d'ailleurs les gras qui transportent la vitamine E; c'est une vitamine liposoluble ou encore soluble dans les gras comme les vitamines A, D et K. On choisira de préférence des gras moninsaturés et polyinsaturés qui transportent les acides gras essentiels. Les gras saturés étant omniprésents dans les produits alimentaires d'origine animale, nous n'avons pas à nous préoccuper d'en manquer.

Vers l'âge de deux ans, l'enfant pourrait, à l'occasion, regarder la télévision une quinzaine de minutes. Mais c'est loin d'être essentiel à son développement, bien au contraire. En fait, il ne devrait jamais regarder la télé tout seul. Le parent devrait être présent afin de favoriser les interactions et de bien connaître le contenu des émissions. Il est préférable de choisir le mode *enregistrement* sans publicité. Selon le *Journal de Montréal*[1], 17 % des enfants de moins d'un an passent plus de deux heures par jour assis devant le petit écran, 48 % de ceux de moins de deux ans et 41 % de ceux de moins de trois ans! Ils perdent ainsi un temps précieux pour développer leur motricité et leurs habiletés.

La télévision est aussi la porte d'entrée à l'univers du *fast food* et d'une alimentation dénaturée. « Des données américaines démontrent que les enfants sont exposés à 21 publicités par heure, ce qui veut dire qu'ils voient une semaine entière de publicités par an[2]. » La docteure Claire LeBlanc, présidente du comité pour une vie active et en santé à la Société canadienne de pédiatrie, affirme qu'il n'y a aucune raison pour que des enfants d'âge préscolaire regardent la télévision, que c'est un facteur de sédentarité. Plus vous regardez la télévision, moins vous mangez de fruits et de légumes, dit-elle! Il est bon de se rappeler que par le biais de leur écran, les jeunes encaissent en moyenne 40 000 messages publicitaires par année, dont 60 % sont centrés sur le *fast food* et les aliments bourrés de calories vides[3]. Pas étonnant que les enfants aient leurs exigences à l'épicerie. De plus, les compagnies paient des primes pour disposer leurs produits dans les bouts d'allées et à la hauteur des enfants! Rappelez-vous que le magazine américain *Fortune* a évalué le pouvoir d'achat des enfants américains du primaire (grâce à leurs parents) à environ 20 milliards de dollars! Ne soyons pas surpris que les enfants de quatre à douze ans soient une cible de choix pour l'industrie, à moins que les parents ne veillent au grain...

Une recherche québécoise vient justement d'être rendue publique ce printemps 2005 ; elle abonde encore dans le même

---

1. Holly Lake, L'obésité et les enfants. *Le Journal de Montréal*, le vendredi 7 janvier 2005, p. 26.
2. Holly Lake, Des parents impuissants devant le marketing alimentaire. *Le Journal de Montréal*, le vendredi 7 janvier 2005, p. 26.
3. Anne Desjardins, Initiation à la nutrition. Comment contrer le marketing des multinationales de l'alimentation. *Le Soleil*, le samedi 1er mars 2003, p. H-2.

sens : la télévision nuit à l'alimentation de l'enfant[1]. Un garçon sur quatre et 18 % des filles de dix ans au Québec mangeraient devant la télévision! Les jeunes préfèrent les croustilles, le chocolat et les boissons gazeuses, nous révèle Mme Marie Marquis. Chacun mange devant sa télévision puisqu'on assiste à une forte demande des enfants pour avoir un poste de télévision dans leur chambre à coucher. Les garçons seraient plus sensibles que les filles à l'influence des messages publicitaires. Ils veulent manger ce qu'ils voient sur leur écran. Les filles opteraient pour des choix un peu plus santé, mais elles ont un faible pour le café ou le thé, lesquels sont sources de caféine.

Un bon usage de la télévision est donc incontournable si nous désirons éduquer nous-mêmes nos enfants... Mieux vaut clairement établir les règles dès le jeune âge et s'y tenir. C'est le seul moyen pour que la télévision ne devienne pas une source de tension et de discorde. Il existe d'ailleurs une ressource très intéressante à consulter pour aider les parents et les enseignants à mieux encadrer l'utilisation des médias et d'Internet, c'est le Réseau Éducation-Médias[2].

Donc, la première étape est de bien choisir l'endroit où vous installerez la télévision. On évitera évidemment de placer un poste de télévision dans les chambres à coucher, aussi bien dans celle de l'enfant que dans celle de l'adulte! La salle à dîner et la cuisine seront aussi à éviter. Les repas doivent servir de moments d'échanges, de temps privilégiés avec les parents. C'est ainsi que l'enfant apprend à communiquer et une multitude d'apprentis-

1. Marie Marquis, professeure au Département de nutrition de l'Université de Montréal. La télévision nuit à l'alimentation de l'enfant. *Forum Express*, Université de Montréal. http://www.iforum.umontreal.ca/ForumExpress/Archives/vol4no3fr/article02.html

2. « Le Réseau est un organisme canadien à but non lucratif, pionnier de l'éducation aux médias depuis son incorporation en 1996. Les membres de notre équipe sont spécialisés en éducation, journalisme, communications, productions médiatiques et politique culturelle. Depuis nos bureaux d'Ottawa et de Montréal, nous travaillons, en partenariat avec des organismes canadiens et internationaux, à la promotion de l'éducation aux médias et à Internet. » http://www.media-awareness.ca/francais/parents/jeux_video/inquietudes/dependance_jeux.cfm.

sages se font grâce à l'alimentation, que ce soit l'apprentissage des couleurs, des odeurs, des formes, des textures ou encore du goût. Si vous mangez en silence en regardant la télé, vous perdez ces belles occasions d'échange et d'enseignement, en plus d'être exposés aux mauvaises nouvelles et à la violence si vous regardez le journal télévisé en mangeant! Lorsque nous mangeons devant la télé, il y a aussi une plus grande consommation d'aliments. Nous ne ressentons plus la satiété aussi facilement puisque nous ne sommes plus à l'écoute de notre corps. Notre attention est tournée vers l'extérieur et manger devient un automatisme. La preuve, c'est qu'on ne sait jamais qui a mangé toutes les croustilles… à moins qu'on soit seul devant le poste! De plus, si le poste de télé est toujours ouvert, le bruit de fond fatigue et la communication est plus difficile avec les enfants au retour de l'école. Et il est inévitable que nous aurons à parler plus fort pour nous entendre mutuellement.

À quel endroit alors pouvons-nous placer le téléviseur? Il reste le salon ou encore un boudoir ou le sous-sol. Pour ma part, je trouve que le sous-sol est idéal puisque la télévision sert davantage en hiver et que le fait de ne pas l'avoir toujours à la vue nous permet de l'oublier plus facilement. Où qu'elle soit, un meuble fermé est très aidant pour diminuer son attirance! Le fait d'avoir aussi un seul poste de télévision (ce qui est plutôt rare aujourd'hui…) nous oblige à en faire une activité familiale lorsque nous la regardons. C'est plus facile de contrôler le contenu des émissions ou de commenter avec les enfants ce qu'ils voient.

Que vous ayez un ou plusieurs postes de télévision, c'est très facilitant de déterminer la programmation à l'avance pour toute la semaine. En se servant des grilles horaires, vous découvrez les sujets intéressants, adaptés à l'âge des enfants. Il suffira ensuite de faire entrer le tout dans le nombre d'heures allouées pour chacun. Ce temps d'arrêt suscitera des discussions et des négociations où chacun pourra choisir une émission favorite. On peut aussi décider de ne pas regarder l'émission prévue pour vivre une autre activité plus intéressante; avec les magnétoscopes, il est toujours possible de l'enregistrer. Cette planification vous épargnera bien des négociations houleuses.

Il est bon de se rappeler que toutes les émissions télévisuelles sont créées pour susciter notre attention et nous garder captifs de l'écran. Il est donc plus facile de choisir à l'avance dans le programme horaire que de *zapper* pour trouver notre choix, sinon la soirée passe sans même qu'on le réalise. C'est souvent l'ennui qui nous fait ouvrir le poste de télé ou le besoin d'oublier, de se détendre ou encore la fatigue. Voyez si vous ne pourriez pas combler ces besoins par une autre activité comme la lecture, un sport, un téléphone à une amie ou un ami, une occupation manuelle (peinture, couture, fabrication de jouets, de meubles, sculpture, etc.) ou encore vous coucher plus tôt pour être frais et dispos au petit matin...

Réservez-vous du temps pour regarder la télévision avec vos enfants même s'ils sont plus âgés. Vous pourrez ainsi rectifier des faits ou des valeurs véhiculées. Vous pourrez savoir ce qu'ils pensent du contenu. Vous pouvez ainsi les amener à réfléchir, à s'exprimer ouvertement, à ne pas tout accepter comme des vérités. L'art de la communication s'apprend avec le temps et la pratique. Un enfant qui n'a pas appris à discuter avec ses parents ne le fera pas davantage à l'adolescence même s'il est dans le besoin...

Il est essentiel de fixer une limite de temps à l'usage de la télévision comme à celui de l'ordinateur et des jeux vidéo sinon cette activité se fera au détriment du jeu (imaginaire de l'enfant), des activités sportives (vélo, ballon, patin, corde à danser, etc.) ou artistiques (bricolage, découpage, musique, chant, danse, etc.) et des relations amicales qui sont toutes essentielles au développement harmonieux de l'enfant. Il vous faudra aussi dire non à certaines émissions violentes ou épeurantes pour votre enfant, même si elles sont populaires et que d'autres amis les ont déjà visionnées. Expliquez-lui les raisons de votre refus et dites-lui qu'il pourra les visionner plus tard, le moment venu.

Finalement, profitez de la saison estivale pour vivre des journées complètes sans télé. C'est plus facile et ce ne sont pas les activités qui manquent. Il nous faut donc éviter les automatismes; les enfants, c'est bien connu, apprennent par l'exemple, (à certains moments du moins...). Si vous ouvrez la télévision dès votre retour du travail ou dès qu'il pleut, votre enfant fera spontanément comme vous. Jouez le jeu de fermer la télévision et l'ordinateur pendant une fin de semaine de pluie. Au début, c'est déroutant; ensuite, c'est étonnant tout ce qu'on peut prendre plaisir à faire. La satisfaction d'avoir bien vécu notre temps est le cadeau de cette expérience.

L'enfant révèle donc peu à peu sa personnalité. À travers son vécu, nous chercherons toujours à l'aider à développer sa confiance en lui et son estime de soi. Nous lui apporterons beaucoup de renforcements positifs tout en reconnaissant ses difficultés et ses points à améliorer. Évitons de le placer sur un piédestal, même si nous sommes très fiers de lui. Faites connaître vos limites et, surtout, respectez-les. Si, une journée, vous lui achetez une *gâterie* au magasin et que le lendemain vous lui refusez, il ne comprendra pas et il s'essaiera constamment, dans l'espérance que vous lâcherez prise comme vous l'avez déjà fait auparavant. C'est le même phénomène pour l'épicerie et toutes les tentations qui s'y présentent. Lorsque vous utilisez une récompense, l'enfant doit savoir pourquoi vous agissez ainsi. C'est un renforcement qui peut être utile si le contexte est clair et que vous êtes fidèle à votre ligne de conduite.

De plus, votre gros bon sens vous dit sûrement que c'est plus sain de jouer dehors dans un parc que de jouer dans un stationnement. Il me semble que c'est une vérité de La Palice. Eh bien! une récente étude publiée par deux chercheurs de l'université de l'Illinois aux États-Unis vient de démontrer cela[1]. C'est dire comment on s'est éloigné de l'évidence et d'un milieu de vie naturel! Les résultats les plus probants apparaissent lorsque les

1. Pierre Lefrançois, TDA/H : jouer dehors c'est bien, jouer dans l'herbe c'est mieux. *Réseau Protéus*, le 22 février 2005.

enfants jouent à des activités de groupe dans un environnement naturel. Alors, vive le soccer et l'hébertisme! Ces résultats rejoignent d'autres études qui allaient dans le même sens. Le contact avec la nature, que ce soit en jardinant ou lors d'une promenade, augmente la capacité d'attention et atténue les comportements hyperactifs et impulsifs associés au trouble de l'attention avec hyperactivité (TDA/H). C'est donc une raison de plus pour se débrancher de la télévision et aller jouer dehors; c'est sûrement aussi bénéfique pour le parent pour dissoudre son stress.

Une autre expérience a été réalisée en Angleterre chez les enfants de onze ans qui étudiaient les mathématiques. En un seul trimestre, leurs notes se sont élevées de 10 % et leur attention s'est accrue de façon significative en écoutant du Mozart, du Vivaldi, du Brahms et du Chopin. Le *Vol du bourdon* de Rimsky Korsakov a été le meilleur morceau pour ranger le matériel à la fin des classes! Glenn Schellenberg de Toronto vient aussi de publier une étude (en 2004) qui démontre que l'apprentissage de la musique augmente le potentiel intellectuel des enfants. C'est la sixième étude dans ce sens publiée depuis 1994. Selon André Picard, conseiller pédagogique au Conservatoire de musique de Québec, en sollicitant les deux hémisphères du cerveau, la musique permet de développer l'intelligence émotionnelle[1]. Conclusion : intégrons l'écoute et l'apprentissage d'une musique diversifiée dans nos foyers. Sans pousser nos enfants à devenir des virtuoses, encourageons-les à apprendre à jouer d'un instrument pour qu'ils trouvent plaisir dans cette pratique. L'école peut souvent offrir le contexte favorable à cet apprentissage sans que ce soit une occupation supplémentaire pour le jeune enfant.

Il faut tenir compte d'un autre facteur : l'environnement de l'enfant dans sa chambre et dans la salle de jeux. Les couleurs ont une influence certaine. Attention aux couleurs criardes telles le rouge, l'orange, le jaune *pétant*, qui ne sont pas indiquées pour

1. Violaine Ballivy, Un chercheur de Toronto estime que l'apprentissage de la musique augmente le quotient intellectuel. *Le Soleil*, le dimanche 3 octobre 2004, p. A 1-A 2.

calmer l'enfant avant de dormir; au contraire, elles créeront une atmosphère d'excitation. Des couleurs apaisantes plutôt pastels comme le rose, l'abricot, le bleu pâle, le vert frais, le guideront vers la détente. Des images stimulantes comme des autos de course, des *posters* de scènes de combat, de superhéros et des tapisseries criardes créent aussi des stimulations. Les jouets de la chambre à coucher pourraient être rangés dans une armoire, une garde-robe ou un coffre sécuritaire pour l'enfant. Comme toujours, certains enfants sont plus sensibles que d'autres. C'est à nous, parents, de veiller à créer un milieu de vie calme et harmonieux autour de notre enfant pendant qu'on peut avoir cette influence, car à l'adolescence, ce sera différent…

D'autre part, certains enfants hypersensibles seront même très sélectifs pour leurs vêtements ou leur literie. Je ne parle pas ici de modèle ou de couleurs mais plutôt de texture. Si vous vous rendez compte que votre enfant a cette sensibilité, faites-lui toucher ou essayer ce que vous achetez pour lui. Personnellement, j'ai réalisé seulement ces dernières années que je ne portais plus certains vêtements parce qu'en fait, j'étais mal à l'aise dans le tissu et non pas dans le modèle de ces tenues! Les journées où je portais ces vêtements, j'étais plus facilement irritable. Soyez attentifs aux remarques de votre enfant.

Nous venons d'isoler plusieurs éléments qui influencent directement le comportement des enfants. Ces ajustements sont importants à faire, même si après une démarche sérieuse, l'enfant et le parent choisissent d'opter pour une médication. Les signes de troubles de concentration commencent tôt, de même que l'hyperactivité. En faisant rapidement des ajustements dans la vie du jeune enfant, il est évident qu'il y aura amélioration et la dose de Ritalin®, si elle est encore nécessaire, sera peut-être minime, ce qui est toujours préférable pour éviter les effets secondaires reliés à toute médication.

Résumé

Dès que vous remarquez certaines difficultés comportementales chez votre enfant, soyez attentifs. Notez le tout dans un cahier à cet effet avec les dates, les observations et réévaluez deux semaines plus tard. Les semaines s'écoulent vite de même que les mois. Ce que je remarque, c'est que les parents ont beaucoup de pain sur la planche et ils attendent trop longtemps avant de consulter en se disant que ça va passer tout seul ou encore que c'est le tempérament de l'enfant. Et ce n'est pas toujours le cas. Tout problème pris à son début est plus facile à régler. Un enfant a ses périodes difficiles, mais elles ne doivent pas être constantes! Rappelez-vous que les listes d'attente sont souvent longues, d'où l'importance de prévoir. Mieux vaut annuler un rendez-vous qui devient inutile que de retarder un service essentiel au développement de votre enfant.

Si la discipline est un problème, consultez des personnes compétentes dans le domaine (psychologue, travailleur social, éducateur, etc.) ou achetez des livres spécialisés sur le sujet. Chaque parent ne vient pas au monde avec les compétences parfaites d'un préfet de discipline! Mais on peut apprendre à s'améliorer.

Révisez le mode de vie de l'enfant : alimentation, activités physiques, utilisation de la télévision et des jeux vidéo (jeux portatifs inclus, comme le *Gameboy*), nombre d'heures de sommeil, style musical qu'il écoute, etc.

Vérifiez ce qu'il vit dans son environnement social : dans votre famille d'abord, ensuite à la garderie, à l'école, dans l'autobus scolaire, dans la cour de récréation. Il peut y avoir beaucoup de sources de stress ou de peur et même de mauvaises influences. Tout ce qu'il vit agit sur son comportement. Faites les changements en conséquence de la problématique. Les fleurs de Bach peuvent aussi être d'une grande aide pour passer à travers des situations difficiles et inévitables (divorce, décès, accident, etc.).

Si les problèmes persistent, vérifiez son apport nutritionnel en demandant une analyse des cheveux[1] à votre naturopathe (certains médecins peuvent utiliser cet outil). Ce test vous permettra de savoir s'il y a une accumulation importante de métaux lourds ou encore s'il y a des carences minérales importantes. Je remarque, entre autres, que le zinc est un minéral presque constamment en carence, autant chez les enfants que chez les adultes. Dans plusieurs cas, ce sont des carences très importantes.

« Le zinc est un minéral essentiel à la production de la mélatonine, une hormone régulatrice de la dopamine, laquelle est associée au bon fonctionnement des facultés mentales, dont la concentration. Or, bien que les causes et mécanismes du déficit d'attention et de l'hyperactivité demeurent encore mal compris, on ne doute plus aujourd'hui que ce trouble soit lié à un déséquilibre de la dopamine. On soupçonne le zinc d'agir indirectement sur la régulation de la dopamine et de favoriser ainsi l'attention et un comportement plus adéquat[2]. » Une recherche a été faite à l'école de médecine de l'université de Téhéran, en Iran, sur le sujet. On a démontré que des suppléments de zinc en combinaison avec un médicament classique comme le Ritalin®, améliorent l'état des enfants[3]. De plus, James Penland, chercheur en psychologie au ministère de l'Agriculture des États-Unis (USDA), a conduit une étude[4] chez des adolescents, qui démontre qu'un apport en zinc supplémentaire avait nettement augmenté les facultés intellectuelles de ces derniers.

Plusieurs facteurs pourraient contribuer à une déficience en zinc chez les enfants. Premièrement, une alimentation inadéquate,

1. Plusieurs laboratoires font ce type d'analyse, en voici un au Canada : http://www.anamol.com
2. Julie Calvé, Du zinc pour les hyperactifs? *Réseau Proteus*, http://www.reseauproteus.net
3. S. Akhondzadeh *et al.* Zinc sulfate as an adjunct to methylphenidate for the treatment of attention deficit hyperactivity disorder in children: A double blind and randomized trial. *BMC Psychiatry.* 2004 Apr 8; 4(1):9.
4. Food ant Nutrition Board. Dietary Reference Intakes : Guilding Principles for Nutrition Labeling and Fortification. *Institute of Medecine*, États-Unis, 2003.

donc pauvre en zinc, la présence de métaux lourds qui concurrencent le zinc, la présence de tartrazine (colorant jaune souvent allergène) qui peut se fixer au zinc et réduire ainsi sa biodisponibilité, une plus grande utilisation du zinc pour aider à faire face à l'univers stressant dans lequel on évolue, etc.

Certains signes corporels nous permettent de soupçonner qu'il y a une carence en zinc; par contre, seule une analyse des cheveux nous permettra de la mesurer[1]. Ces signes sont les suivants : grincements de dents la nuit (bruxisme), taches blanches sur les ongles, perte de goût (l'enfant veut toujours manger les mêmes aliments), odorat diminué, voix nasillarde (due à l'inflammation des muqueuses nasales), plaies qui ne guérissent pas bien, apparition de vergetures sur la peau sans qu'il y ait prise de poids, tension nerveuse, mâchoire tendue le matin au lever, etc. Il n'est pas nécessaire d'avoir tous les symptômes pour être en déficience en zinc. Deux ou trois signes bien présents sont déjà un bon indice.

Nous pourrions sûrement faire ce type d'analyse avec bien d'autres minéraux ou vitamines. Je pense particulièrement au magnésium qui est essentiel à la détente du système nerveux. Les sols étant carencés en magnésium à la suite de cultures intensives, nos aliments sont aussi carencés avec toutes les fragilités que cela provoque.

Certaines plantes[2] peuvent aussi être utilisées en toute sécurité avec les enfants. Nous pouvons penser à la *lavande officinale* qui favorise le sommeil, au *houblon* qui est relaxant, à la *camomille* qui est calmante, à la *scutellaire* qui est apaisante sans être sédative, à la *mélisse officinale* qui combat l'insomnie et à l'anxiété, à la *cataire* qui est calmante sans entraîner de somnolence, etc. Vous trouverez dans des boutiques spécialisées des plantes et des complexes fabriqués par d'excellentes herboristeries qui sont indiquées pour les enfants petits ou grands.

1. L'analyse des cheveux est le reflet du milieu intracellulaire donc il reflète bien ce qui est utilisé par l'organisme.
2. Consulter l'annexe 2 : *Des plantes utiles*, en fin de volume.

La période 2-12 ans est donc une étape charnière pour redresser plus facilement les déséquilibres. À l'adolescence, tout n'est pas perdu, loin de là, mais c'est une autre dynamique.

Chapitre 5
L'adolescence

Votre enfant est adolescent et vous venez de découvrir ce volume. Ah! si vous aviez su avant! Cela ne sert à rien de se culpabiliser. Ce que nous avons fait par le passé, nous l'avons fait avec la conscience et les connaissances que nous avions à ce moment-là. Ce qui est merveilleux dans la vie, c'est qu'elle va vers l'avant et non pas vers l'arrière et que nous avons toujours le grand défi de nous améliorer, d'apprendre et d'ouvrir notre conscience. Quoi qu'il en soit, la plupart des générations font toujours mieux que la génération précédente; c'est cela l'évolution! Notre défi comme parents, c'est d'inculquer à nos enfants une ouverture à se dépasser, à vouloir être bien dans leur peau, à demander de l'aide au besoin, de sorte qu'ils prennent les bons moyens pour le faire en temps et lieu. Nous avons aussi la responsabilité de leur faire comprendre que les parents ne peuvent pas tout régler, que nous n'avons pas des compétences dans tous les domaines et qu'il y a des professionnels pour les aider, le cas échéant. Bref, si nous leur apprenons à reconnaître par eux-mêmes les balises qui parsèment leur route, ils seront bien guidés malgré notre absence. Et pour paraphraser un grand penseur contemporain, Christian Bobin, ils s'épanouiront peut-être même davantage grâce à notre absence…

Tous les changements que nous avons vus précédemment sont à faire, même si l'enfant est adolescent. Il est vrai que les résistances peuvent être grandes, d'où l'importance d'avancer par des étapes progressives. Il est toujours bon de leur faire comprendre le sens de ces modifications pour aller chercher leur adhésion. Par contre, malgré votre bonne volonté, votre adolescent peut résister quand même.

Je conseille, comme première étape, de faire des changements alimentaires progressifs : intégrez des pains de meilleure qualité, des desserts moins sucrés, bannissez les gras trans, ajoutez des bons gras dans votre alimentation, augmentez les fruits et les légumes. Veillez à ce qu'il mange trois bons repas par jour dans lesquels vous retrouvez toujours de bonne quantité de protéines. Prévoyez des collations rapides à se mettre sous la dent : des fruits frais, des noix, des mélanges de graines, des barres énergétiques de qualité, riches en protéines et faible en glucides (ex. : Equibar[1]). Augmentez la consommation d'eau de qualité, non chlorée, réduisez la consommation de jus et coupez au maximum les boissons gazeuses. Si les déjeuners sont difficiles parce qu'il n'a pas le temps ou qu'il n'a pas faim, préparez des *smoothies* à la maison. C'est vite fait et vite avalé! Déjà à cette étape, l'énergie devrait être meilleure. À cet âge, l'apparence est souvent importante. Servez-vous de cette motivation pour changer les habitudes alimentaires, car une meilleure alimentation et une meilleure élimination des déchets ont un impact sur la qualité de la peau.

Recette de smoothies

Petits fruits frais ou congelés variés (fraises, framboises, bleuets, mûres, cassis, etc.)

½ banane si désiré

Yogourt nature ou tofu mou

Protéines en poudre de riz ou mélange de protéines Learning Factors (de Natural Factors)

Mettre le tout dans un mini-robot et ajustez le liquide pour atteindre la texture désirée. Afin que ce soit moins froid, la veille au soir, laissez décongeler les fruits au réfrigérateur.

1. http://www.bioetik.com

C'est évident que les adolescents vont réagir au début, mais comme vous avez la maîtrise du budget de l'épicerie, vous avez un pouvoir que vous pouvez utiliser pour son bien. Si un aliment peu nutritif qu'il désire n'est pas dans le garde-manger, il ne peut le manger à la maison, c'est déjà un plus pour lui, même s'il peut se payer le restaurant à l'occasion. Ce qui est important, c'est d'être ferme dans votre décision d'améliorer vos habitudes de vie et de vous inclure dans le processus, de donner l'exemple. Essayez de savoir s'il ne connaît pas un ami à l'école qui mangerait mieux que les autres afin qu'il reconnaisse qu'il n'est pas seul dans la différence... Surtout, ne désespérez pas, lorsque le jeune entre au niveau collégial, c'est souvent un revirement, car dans plusieurs milieux, c'est devenu *In* de bien manger! Et c'est lui (ou elle) qui vous fera la leçon!

Dans certains cas, vos adolescents peuvent aussi avoir besoin de suppléments alimentaires afin d'ajuster des déséquilibres. Soit que vous consultiez un naturopathe[1], si votre adolescent est favorable à cette idée, soit que vous alliez d'une façon plus générale en consultant un conseiller en magasin d'alimentation naturelle.

Tous les déséquilibres peuvent être exacerbés chez l'adolescent, car ses habitudes de vie sont présentes depuis plus longtemps que celles de l'enfant. Plusieurs individus sont donc hypoglycémiques sans le savoir, ce qui affectera beaucoup l'humeur et l'énergie. Il peut aussi y avoir des problèmes de constipation qui sont récurrents ainsi que des prises d'antibiotiques répétées avec les déséquilibres que cela occasionne. Les jeunes filles peuvent déjà vivre des règles difficiles. Elles peuvent faire de l'anémie. Les filles comme les garçons peuvent vivre une déprime évidente. Bref, ce n'est pas toujours une période facile, bien que certains

1. Dans ce domaine comme dans tous les autres, il est préférable de consulter quelqu'un qui vous a été adressé pour ses compétences. Évitez de consulter au hasard ou si c'est le cas, gardez-vous un bon droit de regard et changez de thérapeute si vous n'êtes pas satisfait de la rencontre. Tous les naturopathes ne travaillent pas de la même manière.

jeunes passent très bien à travers cette étape sans raz de marée pour l'entourage!

L'adolescent qui vit déjà une passion pour un sport ou pour la musique ou encore pour une expression artistique vivra beaucoup mieux cette étape, car il aura un exutoire à son trop-plein et à ses émotions. Il aura un fil conducteur qui le ramènera s'il vit des difficultés. Le support du groupe ou de ses amis (attirés par des intérêts communs) sera toujours d'un grand secours. D'où l'importance d'initier votre enfant à ces activités lorsqu'il entre au secondaire. C'est le bon moment d'établir vos conditions avec le changement d'école et de choisir, avec votre jeune, un milieu favorable à son épanouissement. Au début, ils ont particulièrement besoin de nos encouragements ainsi que de notre disponibilité à faire des transports... Quelles belles occasions pour connaître les amis qu'il fréquente et d'entendre des confidences lorsque vous êtes seul avec votre fille ou votre garçon en automobile. Ces efforts de votre part permettront de maintenir le lien, pont essentiel dans les moments de difficultés.

Observez la chambre de vos ados; elle reflète ce qu'ils vivent, ce qui les passionne. Vous aurez des indices importants sur leur quotidien. Ils ont besoin d'un espace bien à eux, qui les représente. Permettez-leur de personnaliser leur chambre. C'est leur havre de paix. En même temps, ayez un œil averti sur les nouveaux objets qui apparaissent... Est-ce des cadeaux? Où prend-t-il son argent pour se les procurer?

Soyez vigilants avec la télévision, les jeux vidéo et les ordinateurs, comme nous l'avons dit précédemment. Nous assistons actuellement à une nouvelle forme de dépendance, celle des jeux vidéo[1]. Le développement des jeux en réseau qui ne finissent jamais favoriserait la dépendance. Entre 5 à 10 % des individus joueurs seraient de vrais « accros ». Jouer régulièrement pendant dix heures d'affilée ou toute la nuit est inquiétant, mais la dépendance vient quand vous constatez que le jeu vidéo devient le

1. Marc Valleur, et Jean-Claude Matysiak, *Sexe, passion et jeux vidéo. Les nouvelles formes d'addiction?*, Éditions Flammarion, 2003.

centre de la vie de votre adolescent, qu'il néglige sa vie scolaire, ses amis, ses activités sportives, etc. Chez les dépendants, on observe un réel appauvrissement de la vie affective, relationnelle et intellectuelle. Certains pourraient même souffrir d'amaigrissement puisqu'ils en oublient de manger. Au début, il y a un partage avec les autres et ensuite, c'est l'isolement qui s'installe. Selon Jean-Claude Matysak, la dépendance au jeu vidéo signale souvent une difficulté d'accession à l'autonomie par rapport à sa famille. Les jeunes ou moins jeunes qui vivent cette problématique doivent être supportés par un intervenant (ex. psychologue) et le problème de fond doit être résolu afin d'éviter de passer à une autre forme de dépendance, que ce soit la drogue ou l'alcool. Ça prend de quelques mois à un an pour solutionner cette dynamique quand le joueur reconnaît sa difficulté.

Même le style de musique revêt toute son importance sur l'équilibre nerveux. Les adolescents qui écoutent régulièrement de la musique *heavy metal* seraient plus sujets à la dépression; les filles seraient plus touchées que les garçons. D'autres études devront être faites afin de savoir si c'est la musique qui crée la déprime ou si les jeunes déprimés ont plus le goût de se tourner vers ce style de musique. « Quoi qu'il en soit, un fait demeure : plus les ados aiment le *heavy metal*, plus il y a de chances qu'ils se sentent apathiques, abattus, aient des problèmes de sommeil, ressentent une perte d'appétit ou se déprécient. Et, phénomène complètement inverse, plus ils chérissent le *hip-hop* (*rythm and blues, rap*...) ou le *populaire*, moins ils ont de symptômes de dépression[1]. » La musique classique a sans aucun doute des vertus positives sur nos enfants même en ce qui a trait à leur humeur.

Votre jeune vit donc des difficultés qui touchent son système nerveux et il est rébarbatif à tout changement; peut-être acceptera-t-il de prendre les suppléments que vous placerez devant son assiette à son petit déjeuner. La priorité sera donnée aux acides gras oméga-3 de bonne qualité, riches en EPA et en DHA.

1. Baptiste Ricard-Châtelain, Heavy metal et dépression associés chez les jeunes. *Le Soleil*, le 3 septembre 2003.

Une huile de foie de morue purifiée et sans saveur fait très bien l'affaire (ex. compagnie Nordic Naturals), c'est disponible en liquide ou en capsule. Un bon complexe B de 50 mg ou encore une levure riche en vitamines B du type *Biostrath* supportera aussi le système nerveux. Si vous avez relevé des signes de carences en zinc, un supplément de zinc de 30 mg par jour peut être donné sans risque. Donnez-lui ces produits pendant trois mois sans arrêt et observez s'il y a des changements physiques ou comportementaux. Si c'est positif, continuez les produits en semaine et prenez congé la fin de semaine. Cessez le zinc dès que les symptômes notés auront disparu.

Un jeune qui consomme régulièrement de l'alcool aura un plus grand besoin en vitamines du groupe B et il fera travailler son foie beaucoup plus que le jeune qui ne prend de l'alcool qu'une fois à l'occasion. De la même manière, la consommation régulière de drogue affectera la vitalité et les comportements du jeune. N'hésitez pas à consulter des personnes ressources si vous êtes dépassés par ce que vit votre fils ou votre fille.

Sous prétexte que tous ses amis le font, votre jeune peut faire pression sur vous pour des permissions qui ne sont pas appropriées selon vous. Beaucoup de parents fatigués par le harcèlement du jeune finissent par céder en lui disant : « Tu t'organiseras avec les conséquences de ton choix! ». Ce n'est pas la conduite idéale à adopter. Quand le jeune nous sent fermes mais *non fermés* à tout changement, il sent une barrière de sécurité. Je me souviens particulièrement de ma plus jeune qui était toujours en avance sur son temps puisque ses aînés traçaient le sillon avant elle! Il lui est déjà arrivé de nous demander une permission à la suite d'un appel téléphonique et tout en étant encore en ligne avec sa copine, elle nous faisait le signe du non avec sa tête! Elle n'était pas prête à porter la responsabilité de son *non* devant ses amies, mais elle était à l'aise de mettre la responsabilité sur le dos de ses parents! Elle nous disait, sans en être consciente : « J'ai besoin de limites, mais j'ai de la difficulté à me les donner. » Aujourd'hui par rapport à des choix de sorties, d'activités ou encore au moment pour les faire, bien qu'elle n'ait plus à demander l'autorisation, je me permets, si je m'interroge sur son choix, de la remettre dans la réalité du contexte et des responsabilités qu'elle a, autant en lien avec ses études, son travail d'étudiante que sa santé. Et c'est la même dynamique pour ses sœurs et son frère, plus âgés et autonomes. Tout est dans l'intention et dans le comment cela est formulé. Je crois que c'est important de les ramener à eux-mêmes en leur demandant par exemple : « Est-ce que tu te respectes dans ce choix? Seras-tu plus heureux ainsi? Les conséquences en valent-elles la peine? » et d'accepter leur décision par la suite.

L'adolescent s'identifie beaucoup à ses pairs. Le grand défi qui nous est donné, c'est de les aider à accepter leur différence, à la valoriser même, afin de sortir des moules véhiculés par la société. Plusieurs jeunes ont des modes de pensée différents de celui des adultes. Ils perçoivent la société différemment, leurs valeurs peuvent remettre en question les nôtres. C'est eux qui feront évoluer notre monde si nous, adultes, acceptons de laisser tomber nos résistances à la nouveauté, à de nouveaux paradigmes. Nos jeunes ont besoin de notre Amour et de notre Présence comme nous avons besoin d'eux. Un autre défi nous incombe à nous, les adultes, c'est d'être vraiment attentifs à l'autre. Nous pouvons être dans la même pièce que notre jeune et ne pas être sensible à sa présence. La *Présence* c'est : regarder notre enfant dans les yeux lorsqu'il nous parle, éviter de faire deux choses en même temps lorsqu'il nous adresse la parole. Lui consacrer du temps, un temps qui n'est pas comprimé, un temps extensible selon les besoins du moment. Accepter que notre jeune nous ouvre son cœur à vingt-trois heures (quand ce n'est pas plus tard!) même si nous devons nous lever tôt le lendemain matin!

Être parents, c'est exigeant, très exigeant même! Mais quel bonheur de voir nos enfants s'épanouir, de les voir s'accomplir, de les voir donner le meilleur d'eux-mêmes à la Vie. Être parents, c'est comme l'alpiniste qui choisit de gravir l'Everest. Il s'entraîne des années durant et lorsqu'il plante son drapeau au sommet de la montagne, c'est la félicité! Tous les efforts déployés s'évanouissent devant le bonheur du travail accompli. Gardez confiance en votre enfant, même dans ses heures les plus sombres, car cette confiance que vous lui témoignez, au-delà de toute apparence, lui donnera la force de redresser la barre le moment venu.

Chapitre 6

Qu'en est-il du déficit de l'attention avec ou sans hyperactivité (TDA/H) ?

Il existe une multitude de documents et de livres sur le sujet. Je vous invite à les consulter si vous désirez approfondir cette problématique. Pour ma part, j'aborderai plutôt le TDA/H sous l'angle de la réflexion et du questionnement, dans le but d'alimenter votre pensée personnelle.

« L'existence de gens sensibles est un avantage pour l'humanité, car c'est ce groupe qui exprime le mieux les besoins de créativité et l'urgence de créer. Le monde est mieux interprété par leurs réponses instinctives. Dans des circonstances normales (dans un milieu favorable à leur croissance), ils sont des artistes ou des artisans, des chercheurs, des inventeurs, des shamans, des poètes, des prophètes[1]. » Nous avons un urgent besoin de libres-penseurs libérés des intérêts financiers, économiques ou politiques.

De tout temps, des êtres « différents » sont nés. La différence, aujourd'hui, est qu'ils ne font plus l'exception. Encore faudra-t-il leur offrir un milieu favorable à leur épanouissement. Certains

1. Gabor Maté, *L'Esprit dispersé. Comprendre et traiter les troubles de la concentration*, Éditions de L'Homme, p. 84-85.

contextes familiaux, sociaux et même environnementaux sont limitants pour le développement des enfants. Dans nos sociétés modernes, avec le développement du savoir, nous avons développé l'art d'étiqueter, donc de cadrer et de limiter. Nos enfants sont parfois étiquetés très jeunes hyperactifs (TDA/H), comme lunatiques (TDA), paresseux, agressifs, anxieux, bons à rien, etc. Ces étiquettes reprises par le milieu, par les éducateurs, par les amis ou la famille nourrissent la difficulté que vit l'enfant et il peut finir par s'identifier totalement à cet aspect en occultant les qualités qu'il possède indéniablement. Un autre enfant peut au contraire porter une étiquette de performant, de génie, de brillant, de surdoué et ces étiquettes peuvent aussi être très lourdes à porter. Heureusement que nous ne cataloguons plus nos enfants à l'adolescence selon leur quotient intellectuel puisque c'était une excellente manière de limiter le potentiel de l'enfant. On sait que ces tests mesuraient davantage, en fait, la vitesse de compréhension que la facilité de compréhension (A. Michaud, 1997). Fort heureusement pour Albert Einstein, lent de nature, il n'aura pas eu à subir un test d'intelligence. Il s'est donc ouvert à son plein potentiel sans que le monde environnant lui impose de limites sur ses capacités et nous en avons vu les résultats!

M. André Michaud a écrit un livre[1] très intéressant sur la vie d'Einstein. Il nous apprend qu'à cette époque les adolescents n'étaient pas menacés de découragement intellectuel en lien avec leurs capacités. Toutes les possibilités pouvaient être envisagées. Einstein était donc studieux, mais il était plutôt lent à l'école primaire quoi qu'il avait de bons résultats en mathématiques. Par l'influence de la vie familiale, il a appris la musique et le violon. Il adorait Mozart et Bach. À l'école secondaire, il avait encore du succès en mathématiques, mais il était plutôt moyen dans les autres matières. Par contre, la curiosité était fortement encouragée dans sa famille. Bien qu'il était encore relativement jeune, son oncle Jakob et un ami de la famille, M. Talmey,

1. André Michaud, *Le système d'opération d'Einstein. Pourrions-nous tous tout comprendre?* Les Éditions SRP, p. 117-120.

nourrissaient son intellect et sa curiosité par des livres et des discussions portant sur la physique, les mathématiques et même sur des méthodes d'analyses intellectuelles. Par la suite, même s'il n'avait pas l'âge requis de dix-huit ans et qu'il n'avait pas terminé ses études secondaires, il fut admis à la renommée école Polytechnique de Zurich parce qu'il avait d'excellents résultas en mathématiques. Il passa aisément ses examens d'admission dans les disciplines scientifiques mais il eut des échecs en allemand, en histoire et en littérature. Et pourtant, le professeur M.H.F. Weber accepta Einstein dans son cours pendant qu'il complétait finalement son secondaire à une école avoisinante. M. André Michaud conclut que la société de l'époque d'Einstein ne ralentissait pas les individus qui avaient du potentiel dans certaines spécialités sous prétexte qu'ils étaient faibles dans d'autres domaines de connaissance.

Nous constatons ici que Einstein a été encouragé à développer ses points forts et sa passion. Il n'a pas été étiqueté comme lent ou distrait ni limité parce que sa moyenne générale était plutôt « moyenne ». Il avait des points forts et des intérêts qui ont été encouragés et nourris par son environnement.

M. Paul Chauchard, éminent neurophysiologiste, nous apprend dans son livre *Le cerveau et la conscience*[1] « qu'anatomiquement, un cerveau humain n'est achevé, c'est-à-dire ne présente un réseau nerveux complet que vers sept ans. Cet âge, dit de raison, marque donc le moment où la construction du cerveau, avec ses possibilités de cafouillage définitif, laisse la place à l'art éducatif d'utiliser ce cerveau, domaine où les possibilités sont les plus durables ». Il précise aussi que ce n'est que vers dix-huit ans que l'électro-encéphalogramme devient celui d'un adulte. Que les erreurs éducatives peuvent influencer cette maturation physiologique et limiter l'adulte dans ses possibilités. Si les erreurs éducatives ont un impact chez les adolescents, nous pouvons sûrement présumer que le support des parents et des éducateurs ainsi que les encouragements, les expériences positives et

1. Paul Chauchard, *Le cerveau et la conscience*. Éditions du Seuil, 1960.

valorisantes propulseront le jeune vers un meilleur avenir. Tout est loin d'être perdu, même si notre jeune fait quelques écarts de conduite. Il nous demande d'être patient, persévérant, confiant et surtout aimant.

Le cerveau humain est l'entité la plus complexe que l'on puisse connaître. Il a été décrit comme un « supersystème de systèmes ». Il possède entre 50 et 100 milliards de cellules nerveuses (neurones), chacune branchée pour former des milliers de connexions possibles avec d'autres cellules nerveuses! De tous les mammifères, l'animal « humain » est celui dont le cerveau est le moins achevé à la naissance. Durant la période suivant la naissance, le cerveau humain continue à croître au même rythme que dans l'utérus! La masse du cerveau humain aura triplé à l'âge de quatre ans. À l'âge adulte, la dimension de notre cerveau aura quadruplé, ce qui signifie que les trois quarts de la croissance de notre cerveau se font à l'extérieur de l'utérus, après la naissance. Le cerveau humain se développant en dehors de l'environnement relativement protégé de l'utérus, cela le rend vulnérable à des situations potentiellement dangereuses[1]. Ce qui signifie que notre potentiel génétique de développement du cerveau ne peut trouver sa pleine expression que lorsque les circonstances s'y prêtent. Quel milieu de vie offrons-nous à nos enfants comme famille et comme société?

Nous avons vu dans les pages précédentes combien les pierres d'achoppement sont nombreuses dans notre société, « pierres » qui limiteront l'enfant, tant au niveau de l'équilibre (ou santé) physique, mental, émotionnel que spirituel.

Nous avons constaté que plusieurs facteurs environnementaux ont une influence sur la vie de nos enfants. L'élimination de ces facteurs de déséquilibre harmonisera sans aucun doute l'équilibre de leur système nerveux et leur santé en général. Par contre, plusieurs d'entre eux n'en seront pas moins différents, différents dans leur pensée, dans leur sensibilité, dans

1. Gabor Maté, *L'esprit dispersé. Comprendre et traiter les troubles de la concentration*, les Éditions de L'Homme, 2001.

leur perception, dans leur mode de réaction et dans leur façon d'être. C'est ce qu'il nous faut préserver, car nous avons un besoin urgent de ces créateurs dans tous les domaines de la société. Comme le soulignait déjà Albert Einstein à son époque, notre modèle d'éducation doit être adapté aux enfants et non l'inverse!

Curieusement d'ailleurs, il y a une école primaire publique du Québec dans l'est de Montréal, l'école Pierre-de-Coubertin, qui a choisi d'intégrer une heure d'activité physique par jour pour tous les enfants, soit cinq fois plus de temps que dans la majorité des institutions publiques, et cela, depuis vingt ans! « Alors que la proportion d'enfants médicamentés atteint 12 % dans certains milieux défavorisés, seuls quatre des 274 écoliers de Pierre-de-Coubertin consomment un méthylphénidate », indique la directrice de cette école, Mme Sylvie Favreau[1]. Devrait-on y voir un lien de cause à effet? Il y a longtemps que nous aurions dû étudier cette question pour l'intérêt de nos enfants.

Le trouble du déficit de l'attention et de l'hyperactivité (TDA/H) touche actuellement près de 4 à 5 % de la population (enfants et adultes). Dans certains milieux défavorisés, le nombre d'enfants médicamentés peut atteindre 12 %. Les problèmes d'inattention surgissent entre l'âge de trois et six ans et, dans la moitié des cas, les problèmes persistent jusqu'à l'âge adulte. Les garçons sont plus affectés que les filles, dans une proportion de six ou sept garçons pour une fille. Le Ritalin® (méthylphénidate) est le médicament le plus connu pour contrer cette problématique. Sa consommation a plus que doublé au Québec depuis cinq ans. Durant la même période, l'Ontario a vu ses ventes de méthylphénidate croître de 24,7 %. Dans l'ouest du Canada, la Saskatchewan a plutôt assisté à une baisse de 4,1 %. Il faut noter qu'en Ontario, les médecins préfèrent prescrire de la

1. Sébastien Ménard, Plus de sport, moins de pilules. *Le Journal de Montréal*, le lundi 29 novembre 2004, p. 6.

Dexédrine®[1]. La consommation de Ritalin® n'est donc pas directement proportionnelle au nombre d'enfants diagnostiqués puisque d'autres médicaments peuvent être prescrits.

Le profil de l'individu qui souffre de TDA/H est assez typique. L'individu affecté a du mal à se concentrer, à demeurer immobile un certain temps, il s'éparpille, il a la bougeotte, il parle tout le temps, il peut être impulsif. Il est distrait, il fait des oublis, ses actions ne sont pas complétées, il peut être désorganisé. Le caractère peut aussi être difficile, imprévisible et très changeant. La curiosité est parfois excessive. L'enfant ou l'adulte peut souffrir seulement d'un trouble de l'attention (TDA) ou bien celui-ci est associé à de l'agitation (TDA/H). Quoi qu'il en soit, si votre enfant a de la difficulté à l'école, la première étape sera de vous assurer que sa vision est bonne ainsi que son audition. De plus, il est indiqué de consulter un ostéopathe, spécialisé en enfance, afin de vérifier s'il y a présence de tension corporelle qui pourrait être à l'origine de son agitation. Des allergies alimentaires peuvent aussi modifier le comportement. Le problème réside seulement dans un ou l'autre de ces déséquilibres pour certains enfants. C'est aussi une condition qui peut changer avec la croissance. Dans le doute, vaut mieux consulter les professionnels appropriés.

Les causes

Dans le monde médical et dans la population, il est fréquemment véhiculé que le TDA/H est généralement héréditaire, comme le précise cet extrait : « Une enquête menée en Ontario au cours des dernières années a révélé que 32 % des profs croyaient à tort que le TDA/H pouvait être causé par le sucre et les additifs alimentaires. En fait cette pathologie est généralement héréditaire[2]. » On ajoute à l'occasion d'autres facteurs de risques comme le

1. Sébastien Ménard, La consommation de Ritalin a doublé en cinq ans. *Le Journal de Montréal*, le samedi 27 novembre 2004, p. 15.
2. Sébastien Ménard, Les profs au banc des accusés. Mal formés pour reconnaître et intervenir. *Le Journal de Montréal*, le dimanche 28 novembre 2004, p. 6.

tabagisme, l'exposition à certaines substances toxiques durant la vie fœtale, des complications à la naissance, un choc à la tête, des infections du système nerveux central et un empoisonnement au plomb[1]. Il n'existe aucun test médical ou prélèvement sanguin pouvant appuyer le diagnostic de TDA/H. Les critères de diagnostic officiels sont strictement comportementaux.

Selon le docteur Michel Maziade, directeur du centre de recherche en santé mentale du CHUQ à l'Hôpital Robert-Giffard, il existerait, à la base, une vulnérabilité génétique à ce problème. Par la suite, divers facteurs environnementaux pourraient déclencher l'apparition des symptômes. Cette hypothèse est pertinente quoique, personnellement, j'ajouterais aussi la vulnérabilité biochimique activée par des facteurs environnementaux.

Quant au docteur Gilles Julien, pédiatre de Montréal, il constate qu'il y a une forte augmentation des cas de troubles du déficit de l'attention et de l'hyperactivité (TDA/H), que tout a beaucoup changé depuis trente ans. « Comme société, je pense qu'on a des questions à se poser sur notre mode de vie, sur notre utilisation de la télévision et sur notre alimentation, notamment. Il y a de grosses chances que le TDA/H soit relié à l'environnement dans lequel évoluent les enfants[2]. » À mon avis, ceci est une évidence. Il faut vraiment avoir la tête dans le sable pour penser que le milieu dans lequel évolue un enfant n'a pas d'influence sur son comportement ainsi que sur son développement physique, mental et émotionnel. Cette croyance est-elle tout simplement le reflet d'un manque de temps pour la réflexion ou est-ce le reflet d'un mode de vie qui endort notre capacité à discerner et à réfléchir? Nous vivons à l'ère du *fast food*, du *tout le monde le fait, fais-le donc*... Serions-nous aussi à l'ère d'une pensée *prémâchée* par des courants idéologiques ou, qui sait, par des intérêts financiers? La question peut se poser sérieusement.

1. Sébastien Ménard, Ritalin et hyperactivité : un cocktail controversé. *Le Journal de Montréal*, le samedi 27 novembre 2004, p. 14.
2. Sébastien Ménard, La consommation de Ritalin a doublé en cinq ans. *Le Journal de Montréal*, le samedi 27 novembre, 2004, p. 15.

Selon le professeur Jean-Marie Honorez[1], de l'Université du Québec à Montréal (UQAM), le nombre plus élevé de prescriptions de Ritalin® chez les garçons démontre que les filles répondent mieux aux exigences de l'école d'aujourd'hui que les garçons. « Elles sont plus à l'aise dans ce système féministe qui oblige les garçons à parler beaucoup, alors qu'ils n'aiment pas ça, et qui réduit la compétition alors qu'ils en ont besoin. On est en face d'une espèce de normalisation de l'élève et la médication est la solution facile. » Il ajoute que le ministère de l'Éducation est à blâmer puisque ce dernier considère qu'un enfant en difficulté a des problèmes de motivation à l'école, que la socialisation est favorisée au détriment des aptitudes intellectuelles et que c'est une évidence que tous les élèves ne sont pas doués au même niveau[2]. C'est un fait que tous les enfants n'ont pas les mêmes aptitudes, et nous avons abordé, dans la première partie du volume, tous les facteurs environnementaux qui ont un lien direct avec le développement de ces capacités intellectuelles. Rappelons aussi que, selon M. Paul Chauchard, neurophysiologiste, les erreurs éducatives peuvent encore entraver cette maturation physiologique jusqu'à l'âge de dix-huit ans ou l'améliorer... Tous ces *possibles* chez l'enfant ne sont donc pas atteints à sept ans ni à douze ans ni même à seize ans... L'élève moins doué en maths ou en français sera peut-être un homme de métier sans pareil que le *col blanc* s'empressera d'engager pour construire sa maison! De même, l'élève performant à l'école pourra choisir volontairement de s'orienter vers une technique manuelle qui le rendra plus heureux qu'une profession libérale qui lui demandera de travailler dans une tour à bureau!

Les enfants du Québec consommeraient, toutes proportions gardées, trois fois plus de Ritalin® que les enfants de la Colombie-Britannique et de l'Alberta. M. Serge Morin, président de l'Association des directeurs d'établissements du Québec, croit

1. M. Honorez est auteur du livre : *Hyperactivité avec ou sans déficit d'attention. Un point de vue de l'épidémiologie scolaire*. Les Éditions Logiques, 2002.
2. Sébastien Ménard, En lien avec l'inconfort à l'école. *Le Journal de Montréal*, le samedi 27 novembre 2004, p. 14.

que cette distinction peu enviable est une conséquence directe du manque de ressources spécialisées dans les écoles de la province. Bien que cela n'explique pas tous les cas, ce serait un facteur important. « Souvent, des élèves problématiques n'auraient besoin que d'une intervention ponctuelle avec un psychoéducateur ou un orthopédagogue, mais ces ressources sont de moins en moins présentes dans les écoles[1]. » Le professeur Jean-Marie Honorez ajoute que « ce sont les médecins qui signent les ordonnances, mais les enseignants ont le pouvoir de dire ce qu'ils pensent être le mieux pour l'enfant. Or, on constate que de 70 à 80 % des jeunes à qui on a fait un diagnostic d'hyperactivité ont, en fait, d'autres problèmes... Les enfants sont devenus de plus en plus individualistes, dit l'expert, et c'est plus difficile pour certains enseignants de gérer leur classe comme autrefois ». Le manque de ressources et les problèmes structurels du réseau de l'éducation ont aussi leur rôle à jouer, estime le chercheur[2]. M. Honorez, qui a étudié en profondeur l'usage des psychostimulants en milieu scolaire, souligne que les professeurs déterminent souvent rapidement qu'un élève est hyperactif.

Je pourrais ajouter que c'est un fait que certains enfants à problèmes aux yeux d'un professeur deviennent soudain très « fonctionnels » aux yeux d'un remplaçant qui a une autre approche avec les enfants ou vice versa. C'est ce que me rapportent certains parents aux prises avec des pressions scolaires pour que leur enfant prenne du Ritalin®. Est-ce un cri d'alarme du professeur qui invite le parent à considérer sérieusement les difficultés de l'enfant? Probablement, quoi qu'il en soit, la prochaine démarche pour le parent sera, alors, de consulter un professionnel, par exemple un psychologue, qui fera l'évaluation de l'enfant. Ensuite, seulement si nécessaire, la médication sera envisagée.

1. Sébastien Ménard, Les profs au banc des accusés.« Pas étranger au sous-financement de l'éducation ». *Le Journal de Montréal*, le dimanche 28 novembre 2004, p. 6.

2. Sébastien Ménard, Le Québec : champion du Ritalin « Ce n'est vraiment pas normal ». *Le Journal de Montréal*, le samedi 27 novembre 2004, p. 3.

Il est bon de préciser que la gestion de cette médication apporte un surcroît de travail pour les professeurs, tant au primaire qu'au secondaire, puisqu'ils doivent entreposer la médication dans leurs bureaux et la donner à ceux qui en ont besoin. Depuis 2003, un amendement au *Code des professions* autorise les enseignants à administrer des médicaments prescrits aux élèves qui en ont besoin. « Si la direction de l'école le demande et que le parent y a consenti, on est obligé de donner la médication, sous peine de se voir imposer des mesures disciplinaires » explique Johanne Fortier, présidente de la Fédération des syndicats de l'enseignement du Québec[1].

Il est intéressant de se demander qui sonne l'alarme en premier. C'est ce qui a été fait par l'équipe du *Journal de Montréal* dans leur dossier de l'automne 2004 sur les enfants hyperactifs. Voici les résultats :

- les professeurs dans 50 % des cas;
- les parents dans 25 % des cas;
- les médecins dans 10 % des cas;
- 33 % des enseignants québécois auraient déjà suggéré à des parents de faire prescrire du Ritalin à leurs enfants.

Et finalement, un autre son de cloche nous est apporté par un démographe cette fois-ci. Il s'agit de M. Jacques Marleau, de l'Institut Philippe-Pinel de la ville de Montréal. Selon lui, il existe un lien direct entre la vente de Ritalin® et la structure de la famille québécoise moyenne. Plus il y a d'enfants uniques, plus la consommation de Ritalin® est élevée. « Avec un enfant seul, les parents ne sont peut-être pas assez sévères, avance-t-il. L'enfant unique est généralement un peu plus impulsif et actif que celui qui a des frères ou sœurs » analyse le démographe. Les cas de TDA et d'hyperactivité seraient aussi plus fréquents dans les familles monoparentales. Depuis vingt ans, la société

1. Sébastien Ménard, Les profs au banc des accusés. Enseignant ou pharmacien? *Le Journal de Montréal*, le dimanche 28 novembre 2004, p. 6.

a changé et les enfants uniques sont de plus en plus nombreux. « Ils comptent actuellement pour 50 % des enfants. En 1981, cette proportion était de 38 %. Elle a grimpé à 41 % en 1986 puis à 45 % en 1996[1]. »

Par l'opinion de ces différents experts, nous venons de constater que les causes étant variées, l'approche dite *multimodale* devrait être privilégiée pour faire face à cette problématique. Selon le TAAC (Troubles d'apprentissage - Association canadienne[2]) cette approche comprend plusieurs éléments dont :

- formation des parents en gestion des comportements;
- stratégies d'intervention quant aux comportements;
- plan d'éducation approprié;
- éducation concernant le TDA/H;
- counselling individuel et familial;
- stratégies portant sur la vie quotidienne;
- médicaments s'ils sont requis;
- counselling professionnel;
- changements de mode de vie;
- accommodements scolaires et professionnels appropriés;
- *coaching*, groupes de soutien.

Cette approche multimodale est vraiment idéale et complète. Il est à souhaiter que toutes les familles soient ouvertes à ces démarches et qu'elles puissent en bénéficier. L'élément *mode de vie* devrait inclure tous les aspects que nous avons vus antérieurement touchant l'alimentation ainsi que l'environnement physique et social.

1. Sébastien Ménard, Une explication : l'augmentation du nombre d'enfants uniques. *Le Journal de Montréal*, le samedi 27 novembre, 2004, p. 3.
2. Voir le site : http://www.ldac-taac.ca.

La médication

Quel que soit le médicament prescrit à votre enfant, prenez toujours le temps de lire la monographie[1] du produit qui vous est remise par le pharmacien ou qui est dans la boîte. C'est la seule façon de connaître réellement la portée du traitement que vous choisissez et discutez-en avec votre médecin ou votre pharmacien si vous avez des questions. Vous pourrez ainsi rapporter à votre médecin traitant tout effet secondaire relevé chez votre enfant. Il va sans dire que l'usage d'un médicament n'est jamais anodin et que ce n'est pas une panacée destinée à tous les enfants, bien que certains puissent en bénéficier.

Une recherche a été effectuée par Mme Marsha Rappley, de l'université du Michigan, sur l'hyperactivité chez les enfants de moins de trois ans. Sur les 223 enfants répertoriés à travers les données du Medicaid, le service d'assurance maladie de l'État du Michigan, 57 % des jeunes enfants étaient sous médication et moins du tiers était suivi par un psychologue. Plusieurs éprouvaient également des retards de développement, de langage et des habiletés cognitives en général, et avaient des problèmes de santé (diabète, asthme, autres maladies chroniques). Le tiers de ces enfants prenait deux à trois médicaments par jour[2]. Le *New Scientist*, qui a publié cette recherche, révèle qu'on ne connaît ni l'efficacité ni l'impact à long terme de ces médications sur le développement des bébés.

Ritalin® (méthylphénidate)

Le Ritalin® est le nom commercial d'un psychostimulant mis en marché depuis 1957 par la compagnie Novartis, autrefois Ciba-Geigy. Depuis quelques années, la compagnie Novartis n'a plus l'exclusivité de sa commercialisation. Le brevet n'étant plus protégé, le médicament peut donc être produit par d'autres compagnies pharmaceutiques sous son

1. Monographie : étude complète et détaillée qui se propose d'épuiser un sujet précis relativement restreint.
2. Julie Calvé, Du Ritalin au biberon? *Le Soleil*, le dimanche 9 janvier 2000, p. B-3.

appellation générique. C'est ce médicament qui est surtout utilisé dans le traitement du TDA/H. Ce médicament est un stimulant cérébral qui active la sécrétion de deux neurotransmetteurs, la dopamine et la noradrénaline, substances chimiques qui rendent possible le passage d'un message d'une cellule nerveuse à une autre. Les effets secondaires les plus connus sont la diminution de l'appétit, les difficultés de sommeil, le larmoiement, les douleurs abdominales vagues, les maux de tête, l'augmentation du rythme cardiaque et de la tension artérielle. Ces effets secondaires sont généralement bénins et peuvent être contrôlés en ajustant la dose et l'horaire d'administration. Si le dosage est trop élevé, des tics moteurs peuvent apparaître ainsi que la léthargie, la dépression ou une perte de *l'étincelle dans les yeux*. Consultez votre médecin afin de revoir le dosage si vous avez des doutes. Il peut aussi y avoir un effet rebond en fin de journée, lequel se caractérise par des sautes d'humeur, de l'agressivité et de la fatigue. En dix ans, ce médicament a vu ses ventes augmenter de 500 % selon une étude de la Régie de l'assurance maladie du Québec[1].

Soulignons que des stimulants comme le Ritalin® peuvent retarder la croissance des enfants selon une nouvelle étude américaine[2]. Menée par le chercheur Stephen Hinshaw de l'université de Berkeley, l'étude ne peut déterminer pour l'instant si ce retard est permanent. Toutefois, la perte de poids est un effet secondaire connu dans l'usage à long terme des stimulants.

Concerta® (Chlorhydrate de méthylphénidate)

Médicament psychostimulant d'une durée d'action de douze heures plutôt que de quatre heures pour le Ritalin®.

1. Sébastien Ménard, Même si la proportion d'élèves hyperactifs n'y est pas plus élevée qu'ailleurs, le Québec est devenu « champion canadien du Ritalin » il y a quelques mois. *Le Journal de Montréal*, le samedi 27 novembre, 2004, p. 3.
2. CHICAGO (AP, PC), Les stimulants de type Ritalin peuvent ralentir la croissance. *Le Soleil*, le lundi 5 avril, 2004, p. A-10.

Plusieurs mises en garde accompagnent la monographie du produit. On lui reconnaît des effets secondaires comme les maux de tête, les maux d'estomac, l'insomnie, une baisse d'appétit ainsi que des nausées, des vomissements, des étourdissements, la nervosité, des tics, l'hypertension artérielle, etc. L'usage abusif du chlorhydrate de méthylphénidate peut entraîner une dépendance. Il ne doit pas être pris conjointement avec de l'alcool. L'utilisation de Concerta® n'a pas été étudiée chez des enfants de moins de six ans.

Cylert® (pémoline)

Le Cylert® est aussi un psychostimulant. Il est administré aux douze heures et, bien que son efficacité soit assez proche de celle du Ritalin®, il prend beaucoup plus de temps à se manifester. Ainsi, alors que les effets positifs du Ritalin® se font sentir à l'intérieur des deux premières semaines d'usage, il faut jusqu'à six semaines pour que les effets maximaux du Cylert® se manifestent. L'utilisation prolongée du Cylert® peut cependant être associée à des troubles rénaux éventuels. Le 30 septembre 1999, Santé Canada a émis un avis public pour le retrait de ce médicament compte tenu de cas de complications hépatiques. Néanmoins, les patients peuvent se procurer le médicament sous réserve de certaines conditions au moyen du programme spécial (PAS) de Santé Canada. Il est fabriqué par les laboratoires Abbott.

Strattera® (Atomoxetine)

Nouveau médicament prescrit au Canada depuis 2005; il n'est pas un stimulant. Il est utilisé dans une demi-douzaine de pays depuis deux ans. « Plutôt que de stimuler la production de neurotransmetteurs pour régulariser le fonctionnement du cerveau, ce médicament empêche ou ralentit la dégradation des neurotransmetteurs qui, dans le cerveau, agissent comme des feux de signalisation qui gèrent la circulation de l'information entre les cellules[1]. » Il

1. Marie Caouette, Du nouveau pour les cerveaux qui roulent à 200 km/h. *Le Soleil*, le dimanche 16 janvier, 2005, p. A-10.

ne trouble pas le sommeil chez les enfants à moins qu'il soit pris au coucher. Une dose unique suffit pour la journée. Et ce médicament n'est pas un euphorisant; il n'a donc aucune valeur sur le marché des drogues de la rue. Il pourrait être efficace chez les 30 % d'individus qui ne répondent pas à la médication actuelle. En novembre 2002, la FDA a approuvé l'atomoxetine pour le traitement du TDA/H chez les enfants de plus de six ans, chez les adolescents et les adultes. Il est le premier médicament non stimulant à être approuvé par la FDA pour le traitement du TDA/H. Son action n'est pas immédiate. Il se peut que l'effet bénéfique se fasse sentir seulement après quelques jours ou quelques semaines. Il doit être pris régulièrement pour être efficace. Il peut causer une perte d'appétit, des étourdissements, des nausées, des vomissements et de l'insomnie si la dose est prise près de l'heure du coucher.

Dexédrine® (dextro-amphétamine ou D-amphétamine)

Le Dexédrine® a l'avantage de ne nécessiter qu'une administration aux douze heures, ce qui présente un atout pour les jeunes qui s'opposent à prendre leur médication et avec lesquels « l'heure de la pilule » est synonyme de crise. Il est aussi le seul médicament approuvé pour le traitement des enfants entre trois et six ans. Son efficacité, comme ses effets secondaires, sont reconnus comme étant équivalents à ceux du Ritalin®.

Clonidine (Combipres®, Catapres®)

Le clonidine, un antihypertenseur, semble prendre de plus en plus de popularité. Son utilisation vise principalement à diminuer l'impulsivité et les tics. Il est donc souvent utilisé conjointement avec d'autres médicaments afin de maximiser les effets au niveau du comportement. Son utilisation pourrait favoriser la diminution des gestes agressifs. Ce médicament est cependant contre-indiqué pour les jeunes ayant déjà eu des périodes dépressives importantes puisqu'il pourrait favoriser l'apparition de nouvelles périodes dépressives. De plus, son utilisation ne doit pas être cessée brutalement, mais plutôt faite graduellement.

Bien que cette courte description ne soit pas exhaustive, ce sont donc les principaux médicaments prescrits au Canada. Comment fait-on pour choisir le médicament approprié? Le psychiatre Michel Maziade précise que les médecins ne disposent, pour l'instant, d'aucun indicateur pour choisir le médicament auquel leur patient répondra le mieux. Il n'y a pas d'autres choix que d'essayer le médicament et d'observer les résultats. Quant au docteur Gabor Maté, il précise que dans sa pratique médicale, il débute toujours par des doses minimales du médicament et qu'il observe attentivement les effets, tant bénéfiques que secondaires, reliés à ladite médication.

Conclusion

L'équilibre nerveux de mon enfant… Chaque parent est responsable de l'enfant qui lui est confié. Chacun de nos efforts faits à l'égard de notre enfant est toujours récompensé tôt ou tard.

N'y a-t-il pas plus grande responsabilité que de guider un enfant sur le chemin de la Vie afin qu'il devienne un adulte accompli, responsable et heureux? J'ose espérer que ce volume appuiera vos intuitions et qu'il vous donnera quelques outils afin d'accompagner votre enfant sur la voie de la santé et du bonheur.

Je vous souhaite à vous, parents, la passion de vivre! Puisse cette étincelle de vie qui brille dans les yeux de votre tout-petit se propager dans votre propre regard!

Céline

Pour connaître l'horaire des conférences et des activités animées par Mme Céline Arsenault, consultez le site web :

http://www.celinearsenault.ca

Annexe 1
L'autisme

Je ne peux aborder l'équilibre nerveux de l'enfant sans aborder brièvement la problématique de l'autisme.

« L'autisme est un syndrome défini par un ensemble de symptômes qui se manifestent dans le comportement. Il s'agit d'un trouble grave du développement de l'enfant entraînant des déficits ou des déviations majeures : développement socioaffectif atteint, anomalies présentes dans le développement de la communication, du langage et de l'imagination, champs d'activités et d'intérêts sérieusement limités[1].»

L'autisme est un syndrome de plus en plus connu. On le retrouve partout dans le monde dans des milieux socioéconomiques variés. Par contre, il y a plus de garçons que de filles qui souffrent de ce syndrome, soit trois garçons pour une fille.

Les causes de l'autisme ne sont pas encore déterminées, bien que plusieurs hypothèses soient identifiées. Les dernières recherches ont éliminé la supposition que des relations inadéquates entre le parent et l'enfant étaient à l'origine de l'autisme.

C'est un fait que l'autisme, inconnu ou presque par la population il y a à peine quinze ans, fait partie maintenant de notre

1. Tiré de la revue *L'Express* de la Société québécoise de l'autisme, printemps 2001.

paysage quotidien. Soit que nous connaissions un enfant atteint ou que nous ayons entendu parler de cette affection dans les médias. En fait, le taux de prévalence est nettement à la hausse. Certains chercheurs parlent presque d'épidémie. L'origine de ce déséquilibre est sans aucun doute plurifactorielle comme dans le cas du TDA/H.

Malheureusement, l'approche médicale traditionnelle n'offre que peu de support aux parents d'enfants atteints de ces troubles profonds. J'invite les parents concernés à participer aux congrès organisés par les différentes associations. Nul doute que vous découvrirez nombre de ressources pour supporter votre enfant dans son développement. Prenez contact avec le DAN (Defeat Autism Now)[1] qui est un regroupement de professionnels, de chercheurs, de médecins de différents pays qui travaillent ensemble à identifier et à traiter les causes de l'autisme et des autres troubles envahissants du développement.

Informez-vous sur les traitements en chambre hyperbare. Les diètes sans caséine ni gluten apportent des améliorations chez certains enfants de même que l'élimination de la candidose digestive et systémique. L'alimentation doit être revue de fond en comble, les métaux lourds doivent être éliminés, les carences comblées et des techniques de développements comportementaux adoptées. Bref, plusieurs avenues peuvent être empruntées avant de baisser les bras devant l'inéluctable.

L'amélioration de l'état de votre enfant, aussi petite soit-elle, facilitera son intégration et, par le fait même, votre vie familiale. Osez sortir des sentiers battus, vous avez tout à gagner.

1. http://www.danconference.com/mission.html et http://www.autismwebsite.com/ari/index.htm

Annexe 2
Des plantes utiles

La phytothérapie est à la base même de toute médecine traditionnelle. C'est par l'utilisation des plantes que de tout temps l'être humain et même les animaux ont maintenu leur état de santé. L'industrie pharmaceutique puise encore aujourd'hui ses inspirations et, souvent, ses matières premières dans les plantes médicinales. On tente de nous faire croire qu'il y a plusieurs effets secondaires reliés à l'utilisation des plantes, mais ils sont minimes si on les compare à l'arsenal médicamenteux que nous retrouvons aujourd'hui dans le grand livre des médicaments, le *CPS* (Compendium des produits et des spécialités pharmaceutiques). Il n'en demeure pas moins qu'on doit les utiliser intelligemment et selon les posologies recommandées.

J'aborderai certaines plantes de façon unitaire, mais il existe dans les magasins de produits naturels ou dans les herboristeries, des complexes qui agissent en synergie pour des situations particulières. Que ce soit pour de l'agitation, de la nervosité, des troubles du sommeil, de l'angoisse, des troubles de concentration, etc. Il va s'en dire que cela n'exclut pas la possibilité d'utiliser un médicament chimique lorsqu'il est fortement indiqué. À ce moment-là, il sera important de connaître les interactions médicamenteuses, s'il y a lieu, et de choisir l'une ou l'autre des avenues si elles ne sont pas compatibles.

Les plantes peuvent s'utiliser en infusion ou en tisane, les principes actifs sont alors moins importants d'où des effets plus doux et moins prononcés. Elles s'utilisent au quotidien pour apporter un plus à l'organisme selon ses besoins du moment. On les prépare avec de l'eau non chlorée. Plus vous laissez infuser longtemps votre plante, plus elle sera goûteuse et plus elle sera concentrée. Suivez le temps d'infusion recommandé par le fabricant. Il est souhaitable de choisir des herbes non ensachées en petits sacs et de laisser les herbes libres dans la théière afin de permettre une meilleure infusion. On met environ deux à six cuillères à table d'herbes par litre d'eau chaude. Les enfants peuvent être habitués très jeunes à boire de la tisane nature sans ajout d'édulcorant. Avec le temps, vous choisirez peut-être de cultiver vos plantes préférées dans votre jardin ou dans votre petite plate-bande.

Les plantes sont aussi disponibles en teinture-mère, ce qui concentre les principes actifs. Elles offrent alors un effet thérapeutique plus accentué. Elles sont aussi plus goûteuses. La teinture est une préparation à base d'alcool comme le brandy ou un alcool à 40 % ou encore à base de vinaigre de cidre de pommes. Les plantes vont alors macérer pendant 30 jours à une température chaude. Elles seront aussi brassées deux fois par jour. Ensuite, on les tamise dans un coton pour enlever les herbes. On prend les teintures-mères dans un demi-verre d'eau et la posologie est variable selon l'âge et l'effet recherché. Suivez, encore une fois, les recommandations du fabricant ou de votre herboriste. Attention aux dates de péremption, car les plantes ont une durée de vie limitée.

L'action des plantes se fera progressivement. Il peut prendre de deux à quinze jours avant de voir apparaître les premiers effets. La phytothérapie est un équilibrant pour le corps et le tout se fait habituellement en douceur. En général, un enfant de quatorze ans prendra une dose d'adulte, un enfant de huit à quatorze ans une demi-dose et en bas de quatre ans, un quart de dose ou selon le poids et l'indication de la bouteille. Certaines compagnies sont spécialisées dans les plantes médicinales avec un volet pour les enfants. Au Québec, nous avons, entre autres, *La Souris Verte, La Clé des Champs* ou encore *l'Armoire aux Herbes* qui offrent des produits de qualité accessibles dans tout bon magasin de produits naturels.

Voici donc quelques plantes facilement trouvables; elles sont suggérées à titre indicatif en lien avec le système nerveux. Leurs propriétés médicinales dépassent largement les indications énumérées. D'autres variétés sont évidemment offertes. Les enfants très allergiques au pollen ou très sensibles au rhume des foins exigeront une plus grande prudence dans l'utilisation des plantes.

La camomille (Matricaria chamomilla)
La camomille est une des plantes les plus vendues au monde. Les fleurs de camomille utilisées en tisane sont calmantes et même légèrement sédatives. Elles apaisent aussi les états d'anxiété. Les fleurs peuvent être utilisées dans le bain en infusion, dans un petit sac de coton pour favoriser la détente, tout comme la tisane pourrait être versée dans l'eau du bain.

La cataire (Nepeta Cataria ou herbe aux chats)
Plante calmante particulièrement indiquée pour les enfants, de même pour les bébés. On peut la donner en cas de nervosité ou d'excitation momentanée. Elle ne crée pas de somnolence ou de sommeil prolongé. Elle peut soulager les coliques chez le bébé. Elle est aussi utile pour neutraliser l'acidité de l'organisme. Dans les moments de stress, notre corps génère naturellement plus d'acidité.

Le houblon (Humulus lupulus ou vigne du nord) :
Plante grimpante qui est calmante et sédative. Elle permet donc de lutter contre l'insomnie. Elle favorise l'appétit chez les enfants comme elle permet à la mère qui allaite d'augmenter sa production de lait. Nous retrouvons d'ailleurs un peu de houblon dans la bière, puisque les fleurs du houblon servent à aromatiser cette dernière et à mieux la conserver.

La lavande officinale (Lavandula augustifolia)
Plante calmante qui soulage aussi les flatulences et les coliques. Nous connaissons bien ses effluves si agréables. Elle est souvent utilisée sous forme d'huile essentielle dans des huiles de bain afin de calmer et détendre. L'huile essentielle *ne se consomme pas par voie interne*. Pour utilisation par voie interne, la teinture-mère doit être utilisée ou encore l'infusion.

La mélisse officinale (Melissa officinalis)
La mélisse aide à diminuer l'anxiété, elle apaise les indigestions nerveuses et elle combat l'insomnie. Elle aiderait à la mémoire ainsi qu'aux excès d'émotions.

La scutellaire (Scutellaria lateriflora ou scutellaire de Virginie)
Cette plante, dont nous utilisons les feuilles, aurait une action apaisante pour le système nerveux, ce qui favoriserait indirectement le sommeil, selon certains herboristes. D'autres affirment qu'elle est aussi sédative. Quoi qu'il en soit, elle renforce l'équilibre du système nerveux.

La valériane (Valeriana officinalis)
Cette plante est très connue, elle a un goût particulier et dégage une odeur caractéristique. Elle est reconnue comme un apaisant du système nerveux et un sédatif par excellence. Elle est non dépressive et elle lutte contre l'hyperactivité. Elle ne doit pas être consommée à trop forte dose et seulement à court terme ou en alternance avec d'autres plantes afin d'éviter l'accoutumance. Elle est souvent combinée à la menthe afin d'améliorer sa saveur.

Annexe 3

Aide-mémoire en 10 points

La santé nerveuse de mon enfant, aujourd'hui.

1. Alimentation

– A-t-il mangé :

des fruits frais,
des légumes,
du pain complet ou des céréales entières,
des protéines à chaque repas,
une bonne source de gras oméga-3?

– A-t-il bu de l'eau de qualité?

– Ai-je coupé les excitants : chocolat, colorants, bonbons, *slush*, *pops*, boissons gazeuses, etc. et diminué les sucres concentrés?

2. Repas

– A-t-on mangé en famille aujourd'hui?

– La télévision était-elle fermée?

3. Activités physiques

– A-t-il joué dehors ou pratiqué un sport?

4. Écrans

– Combien de temps a-t-il été branché sur un écran de télévision, d'ordinateur ou de jeux vidéo?

– Quel en était le contenu?

5. Ambiance

- Était-ce calme dans la maison? (télévision fermée, musique douce ou fenêtre ouverte avec chants d'oiseaux, ton de voix posé, bonne humeur et rire).
- L'horaire était-il souple?

6. Sommeil

- Son temps de sieste et de sommeil a-t-il été respecté?

7. Relations personnelles

- Ai-je pris le temps de jouer avec lui, de faire avec lui, de vivre avec lui...?

8. Encadrement

- Ai-je respecté les limites que je lui ai fixées?
- L'effort a-t-il été valorisé?

9. Antibiotique

- Ai-je pensé à lui donner des probiotiques pour compenser la perte des bonnes bactéries présentes dans l'intestin?

10. Ressources

- Ai-je été dépassée par les événements?
- Ai-je besoin d'appui?
- Je cherche des ressources et je téléphone aujourd'hui.

Bibliographie

ALI BRAC DE LA PERRIÈRE, Robert, et Franck SEURET. *Graines suspectes. Les aliments transgéniques : une menace pour les moins nantis,* Montréal, Enjeux Planète, 2002, 220 pages.

ARSENAULT, Céline. *Accueillir son enfant naturellement*, Loretteville, Éditions le Dauphin Blanc, 1996, 243 pages.

ARSENAULT, Céline. *Soins à mon enfant,* Loretteville, Éditions le Dauphin Blanc, 2003, 391 pages.

BRUN, Christian. *Le pouvoir psychique des aliments. Accroître son potentiel mental et intellectuel*, St-Julien-en-Genevois Cedex, Éditions Jouvence, 2001, 159 pages.

CARROLL, Lee, et Jan TOBER. *Les Enfants Indigo. Enfants du 3e millénaire*, Outremont, Éditions Ariane, 1999, 272 pages.

CARROLL, Lee, et Jan TOBER. *Célébration des enfants indigo*, Outremont, Éditions Ariane, 2002, 241 pages.

CASTLEMAN, Michael. *Les plantes qui guérissent*, Laval, Les publications Modus Vivendi, 2002, 518 pages.

CHAUCHARD, Paul. *Le cerveau et la conscience*, Paris, Éditions du Seuil, 1960, 189 pages.

CLERGEAUD, Chantal, et Lionel. *On…nous empoisonne!*, Éditions Équilibres aujourd'hui, 1989, 225 pages.

CURTAY, Jean-Paul. *La Nutrithérapie. Bases scientifiques et pratique médicale*, France, Éditions Boiron, 1995, 311 pages.

DESJARDINS, Claude. *Ces enfants qui bougent trop! Déficit d'attention-hyperactivité chez l'enfant*, Outremont, Éditions Quebecor, 1992, 201 pages.

DUFTY, William. *Sugar Blues. Le roman noir du sucre blanc*, Éditions de la Maisnie, Guy Trédaniel, 1985.

FALARDEAU, Guy. *Les enfants hyperactifs et lunatiques*, Montréal, Le Jour, éditeur, 1997, 215 pages.

FLETCHER, Peacook. *Arrosez les fleurs pas les mauvaises herbes!* Montréal, Les Éditions de L'Homme, 1999, 156 pages.

FOREY, Pamela, et Ruth LINDSAY. *Plantes médicinales*, Paris, Librairie Gründ, 1989, 124 pages.

FRAPPIER, Renée, et Danielle GOSSELIN. *Le Guide des bons gras*, Montréal, Éditions Asclépiades, 1995, 403 pages.

HONOREZ, Jean-Marie. *Hyperactivité avec ou sans déficit d'attention. Un point de vue de l'épidémiologie scolaire*, Outremont, Les Éditions Logiques, 2002, 113 pages.

KODSI, Rolande. *Apprendre avec l'écran. Qu'est-ce que cela change pour nos enfants*? Toulouse, Éditions Milan, 1999, 117 pages.

LABELLE, Yvan. *Les enfants drogués… légalement*, Saint-Jérôme, Éditions Souffle de vie, 2004, 367 pages.

LABERGE, Danielle. *Le Guide Santé de votre armoire aux herbes*, Ham-Nord, L'Armoire aux Herbes, 1994, 422 pages.

LE GOFF, Lylian. *Alimentation biologique et équilibre nutritionnel*, Paris, Éditions Roger Jollois, 1997, 733 pages.

LEMIEUX, Michel. *La télé cannibale*, Montréal, Éditions Écosociété, 2004, 146 pages.

LURÇAT, Liliane. *La manipulation des enfants - Nos enfants face à la violence des images*, Paris, Éditions du Rocher, 2002, 210 pages.

LYON, Michael R., et Christine LAURELL, *Le cerveau de votre enfant est-il affamé?* Mind Publishing, 2004, 307 pages.

MATÉ, Gabor. *L'Esprit dispersé. Comprendre et traiter les troubles de la concentration*, Montréal, Éditions de L'Homme, 2001, 386 pages.

MICHAUD, André. *Le système d'opération d'Einstein. Pourrions-nous tous tout comprendre?* Québec, Les Éditions SRP, 1997, 185 pages.

ODON, Sélène, et Cyrille. *Indigo...ces êtres si différents*, La Chapelle Gonaguet, Éditions I.E.R.O., 2001, 278 pages.

ODON, Sélène, et Cyrille. *Indigo...Tome 2*, La Chapelle Gonaguet, Éditions I.E.R.O., 2002, 306 pages.

PALLARDY, Pierre. *Et si ça venait du ventre?* Paris, Éditions Robert Laffont, 2002, 280 pages.

PELLETIER, Emmanuelle. *Déficit de l'attention sans hyperactivité*, Outremont, Les Éditions Quebecor, 2000, 151 pages.

PIEDRAFITA Moreno, et José MANUEL. *Enfants Indigo. La Nouvelle Génération*, Jaca (Huesca), Éditions Vesica piscis, 2002, 125 pages.

P.R.I.S.M.E. *Le point sur l'hyperactivité*, Montréal, revue publiée par l'Hôpital Sainte-Justine, Hiver 1992, vol. 3, n° 2, 310 pages.

PROVOST, Marie. *Des plantes qui guérissent*, Montréal, Bibliothèque québécoise, 1991, 172 pages.

REEVES, Hubert. *Mal de Terre*, Paris, Éditions du Seuil, 2003, 272 pages.

SAUVÉ, Colette. *Apprivoiser l'hyperactivité et le déficit de l'attention*, Montréal, Éditions de l'Hôpital Sainte-Justine, 2000, 82 pages.

SEARS, Barry. *Le régime Oméga*, Montréal, Les Éditions de L'Homme, 2003, 405 pages.

SEIGNALET, Jean. *L'Alimentation ou la troisième médecine*, 3e édition, Paris, François-Xavier de Guibert Édition, 1998, 583 pages.

THIBAULT, Louise. *Nourrir son cerveau*, Montréal, Les Éditions de L'Homme, 2003, 189 pages.

VALNET, Jean. *Phytothérapie*, Paris, Maloine S.A. Éditeur, 1983, 639 pages.

VIRTUE, Doreen. *Aimer et prendre soin des Enfants indigo*, Outremont, Éditions Ariane, 2002, 255 pages.

WARIDEL, Laure. *L'Envers de l'Assiette*, Montréal, Les Éditions Écosociété, 176 pages.

WOOD, Betty. *L'influence de la couleur*, Montréal, Le Jour, éditeur, 140 pages.

Index alphabétique

P

Q

R

S

T

V

X

Z